北陸経済研究叢書 02

データで振り返る北陸の50年

経済・産業・インフラから女性活躍まで

一般財団法人 北陸経済研究所

『データで振り返る北陸の50年』発刊にあたって

　北陸経済連合会は、昭和42年（1967年）11月に設立され、昨年50周年を迎えることができました。これも北陸三県をはじめ、多くの皆さまのご支援があってのものであり、深く感謝申し上げます。

　北経連は創立以来、「北陸は一つ」の理念のもとに、北陸地域の発展を願い、地域産業の振興や均衡ある国土づくり（地域インフラの整備）に寄与するために、種々の活動を展開してまいりました。顧みれば、この50年の間に、北陸にとって様々な発展や変化がありました。

　最も大きなエポックは、北陸新幹線の金沢開業でありましょう。北陸の長年の悲願であった北陸新幹線が、国の整備計画決定から42年間の紆余曲折を経て、平成27年（2015年）3月にようやく金沢まで開業しました。東京との時間距離が大幅に短縮し、観光産業をはじめとして、北陸にとって大きな経済効果をもたらしています。暮らしやすく比較的豊かで食べ物もおいしいなど北陸についての認知度も格段に向上しました。

　2022年度末までには敦賀まで開業する予定であり、その時には富山、石川、福井の3県がほぼ1時間以内で結ばれ、新しい北陸が生まれると期待されます。更に、大阪までの全線が開業すれば、国土強靭化にも寄与し、北陸地域だけではなく日本全体に開業効果が及ぶと予想されます。2030年頃までの一日も早い大阪までの全線整備に向け、関西経済界とも強力に連携し引き続き精力的に活動していく所存です。

　本書『データで振り返る北陸の50年』は、北経連創立50周年を機に、北陸地域の50年の歩みを、人口、域内総生産（GRP）・県民所得、社会資本整備、企業の海外進出、民間企業の設備投資等の12のテーマについて、地元北陸三県の大学の専門家の皆様により、詳細なデータを基にまとめていただいたものです。

　北陸にとっても北経連にとっても節目となるこの時期に、北陸の経済、社会の変遷について、このように可能な限り長期間のデータでさまざまな切り口から振り返ることは、今後の北陸の姿を考える上でも大変意義深いことと考えております。

　本書の執筆に当たられた先生方や編集・発刊していただいた北陸経済研究所様に対し、心から敬意と感謝を表する次第であります。

2018年5月

北陸経済連合会

会長　久和　進

目　次

発刊にあたって　　　　北陸経済連合会会長　久和　進

第 1 章　北陸経済の歩み ……………………………………………… 7
　　　　域内総生産（GRP）、1人当たり県民所得、1～3次産業別生産額
　　　　金沢学院大学　根本　博

第 2 章　北陸における人口動向50年の軌跡 ………………………… 23
　　　　福井県立大学　佐々井　司

第 3 章　北陸地方の女性就業とキャリア形成 ……………………… 33
　　　　福井県立大学　中里　弘穂

第 4 章　社会資本整備の50年　～フローとストックの変遷～ …… 51
　　　　福井県立大学　桑原　美香

第 5 章　北陸3県製造業で強みを持つ業種の変遷と生産性の分析 … 65
　　　　－労働生産性の全国平均比較と3指標で見た要因分析－
　　　　富山大学　小柳津　英知

第 6 章　民間企業設備投資アンケート結果から見た北陸の50年の歩み … 81
　　　　金沢学院大学　高橋　啓

第 7 章　北陸企業の海外進出の特徴と推移 ………………………… 99
　　　　金沢星稜大学　奥村　実樹

第 8 章　北陸農業の構造変化と展望 ……………………………… 117
　　　　富山大学　酒井　富夫

第 9 章　北陸の医薬品産業の歩み 富山県における産地形成の背景を探る … 133
　　　　金沢学院大学　大野　尚弘

第10章　北陸繊維工業の動向と非衣料分野への展開 ……………… 147
　　　　富山大学　松井　隆幸

第11章　北陸の漆器産業の歴史的変遷と今後の展開 ……………… 159
　　　　―高度経済成長期以降の輪島と山中を中心に―
　　　　富山大学　安嶋　是晴

第12章　観光産業で見る北陸 3 県 …………………………………… 177
　　　　金沢大学　寒河江　雅彦、藤生　慎

執筆者一覧 ………………………………………………………………… 191

あとがき　　　一般財団法人北陸経済研究所理事長　稲葉　純一

第 1 章
北陸経済の歩み
域内総生産（GRP）、1人当たり県民所得、1～3次産業別生産額

金沢学院大学　根本　博

1. はじめに

　この企画では「北陸3県の50年の歩みについて指標を中心に振り返り、全国や他地域と比較する」ことを研究対象としている。本稿で取り扱う各項目については、昭和30（1955）年から平成26（2014）年まで60年分のデータが利用可能なので、この期間を分析の対象とする。データはすべて年度ベースとなっている。分析は北陸3県が中心となるが、可能な限り全国や他地域との比較を行うこととする。

　生産・分配・支出に関する国レベルの包括的な統計は「国民経済計算」と呼ばれ、国連統計局によって示された統一的な方式（SNA）に基づいて各国が推計している。このSNAは昭和28（1953）年に最初のものが提示され、昭和43（1968）年、平成5（1993）年、平成20（2008）年に改訂された。わが国はその都度、準備期間を経て新方式に切り替えてきており、最新の平成20（2008）年方式には平成28（2016）年12月に移行した。したがって、国のGDP等の計数は、それ以降は平成20（2008）年方式のSNAによって推計・公表されている。

　都道府県ベースの包括的な統計は各自治体によって推計され、内閣府によって「県民経済計算年報」にまとめられ、毎年公表されている。自治体によってそれぞれ個別の事情があり、国による集計・編集にも手間がかかることから、対象年度の計数がまとめて年報として公表されるまでには通常2年半程度の時間を要している。

　この県民経済計算の推計方式に自治体によって大きな差があってはならないので、内閣府がSNAに準拠した標準方式を示している。ただ、平成20（2008）年SNAに対応した新しい方式への切り替えはまだ準備段階にあるので、今回

の分析に用いられるのは旧標準方式によりこれまで公表されてきた従来の計数である。

　また、通常5年おきに物価変動等に対処するため基準改定と呼ばれる作業があり、その都度、可能な限り遡及推計が行われているが、何十年もさかのぼって改訂することは人的資源に限りがあって不可能なので、古い時代の計数は改訂されていない。したがって厳密には、過去数十年の計数を一本の長期系列として示すことはできないので、簡易方式で接続された長期的な系列を用いている。それでも過去半世紀余りの流れや時代変化の大筋を知るうえでは差し支えないものと思われる。

　原稿執筆時点で利用できる最新のデータは『平成26（2014）年度県民経済計算年報』（平成29〔2017〕年8月刊）に収録されている「93年SNA及び平成17（2005）年基準」の平成13～26（2001～14）年度の計数である。この年報に添付されているCD-ROMには、次のような計数が収録されているが、基準年が違うので、これらを互いに直接的に接続させることはできない。しかし、本稿では何らかの方法を用いて簡易的に接続させたデータを用いて北陸経済の長期的な動向を分析した。同じ内容のデータは、内閣府のホームページにも掲載されている。

　（現在、『年報』CD-ROM、および「内閣府ホームページ」で公表されている計数）

　昭和55（1980）年基準　昭和30～49（1955～74）年度計数（昭和43〔1968〕年SNAベース）

　平成2（1990）年基準　昭和50～平成元（1975～89）年度計数（昭和43〔1968〕年SNAベース）

　平成7（1995）年基準　平成2～15（1990～2003）年度計数（平成5〔1993〕年SNAベース）

　平成12（2000）年基準　平成8～21（1996～2009）年度計数（平成5〔1993〕年SNAベース）

　平成17（2005）年基準　平成13～26（2001～14）年度計数（平成5〔1993〕年SNAベース）

2. 域内総生産（GRP）

　富山、石川、福井3県の県内総生産の合計が北陸地方の「域内総生産」となる。まず、各県の長期的な変化を見たうえで、全県計（47都道府県の合計値）に対する3県のウェイト（比率）の変化から北陸経済の相対的な地位の変化を読み取ることにしたい（図表1）。

　名目県内総生産の推移を見ると、①高度成長期における「5年で2倍」といった感じの驚異的な伸び、②成長率は半減したが、それでも「年平均4～5％」といった安定した伸びを示した1980年代、③バブル後の「デフレ下における伸び悩み状況」、がくっきりと浮かび上がる。3県を比較すると、1950～90年代前半は富山、石川、福井の順で推移したが、1990年代後半からは2005年を除いて石川、富山、福井の順となっている。

　この足掛け60年間における各県の名目（実額）の伸び（倍率）を見ると、富山45.0倍、石川52.1倍、福井45.4倍となっている。年平均成長率は、それぞれ6.7％、6.9％、6.7％である。この間における人口の伸びが富山県102.1万人→107.0万人で1.048倍、石川県96.6万人→115.6万人で1.197倍、福井県75.4万人→79.0万人で1.048倍なので、県民一人当たりではそれぞれ42.9倍、43.5倍、43.3倍になっている。年平均では、いずれも6.6％となり、小数点2位以下の微差である。

　なお、全県計は56.9倍で、年平均では7.1％成長であり、北陸3県の47.4倍、6.8％を上回っている。しかし、人口が9007.7万人→1億2708.3万人で1.411倍になっているので、国民1人当たりでは40.3倍であり、年平均では6.5％となる。北陸3県計は、人口が274.1万人→301.6万人で1.10倍なので、1人当たりでは43.1

図表1　県内総生産の推移　　　　　　　　　　　　　　　　（名目、年度、単位：10億円）

	1955	1965	1975	1985	1990	1995	2000	2005	2010	2014
富山	99	314	1,490	3,015	4,291	4,635	4,851	4,836	4,352	4,453
石川	88	289	1,352	2,852	4,084	4,516	5,013	4,734	4,416	4,588
福井	69	201	967	2,185	2,918	3,271	3,427	3,410	3,341	3,130
3県計 （比率）	257 (2.8)	804 (2.5)	3,810 (2.5)	8,051 (2.5)	11,292 (2.5)	12,422 (2.5)	13,291 (2.5)	12,980 (2.5)	12,109 (2.4)	12,171 (2.4)
全県計	9,045	32,294	151,640	326,977	455,207	498,433	522,368	525,748	496,918	514,296

備考1．「3県」の欄の上段は3県の合計値、下段のカッコ内は全県計に対する比率を示す。
備考2．1955～65年は昭和55（1980）年基準、1975～85年度は平成2（1990）年基準、1990～95年度は平成7（1995）年基準、2000年度は平成12（2000）年基準、2005～14年度は平成17（2005）年基準の計数である。

倍、年平均では6.6％となる。したがって、総額では全県平均のほうが伸び率が高いが、1人当たりでは北陸3県の伸びは、わずかではあるが国の平均を上回っている。

　本稿においては、表の形では示していないが、実質県内総生産については、昭和55（1980）年基準（1955～74年度）平成2（1990）年基準（1975～99年度）、平成7（1995）年基準（1990～2003年度）、平成12（2000）年基準（1996～2009年度）、平成17（2005）年基準（2001～13年度）の計数があるので、昭和49～50（1974～75）年を国の成長率で割戻し、平成2（1990）年、平成8（1996）年、平成13（2001）年でそれぞれ簡易接続させると、60年間に富山県が8.6倍、石川県が11.1倍、福井県が8.8倍になっている。年平均成長率は、それぞれ3.7％、4.2％、3.8％である。県民1人当たりでは富山県が8.2倍、石川県が9.3倍、福井県が8.4倍となっている。年平均では、それぞれ3.6％、3.9％、3.7％となる。

　なお、実質の全県計は12.0倍となっており、年平均では4.4％成長となる。人口の伸びを割り引くと、国民1人当たりでは8.5倍であり、年平均で3.8％成長となる。全県計の年平均の1人当たり成長率を北陸3県と比較すると、石川県は全国平均を0.1％上回り、富山県は0.2％、福井県は0.1％下回っている。

　北陸の域内総生産（3県の合計、名目値）が全県計に対してどれくらいの比率を持っているかを見ると、昭和33（1955）年は2.8％だったが、昭和40～平成17（1965～2005）年度は2.5％となり、平成22～26（2010～14）年度は2.4％となった。若干の低下はあるが、ほぼ安定的に推移していると言える。

　北陸3県の全県計に対する比率がわずかな低下にとどまっていることを示したが、他の地方圏ではどうだったのだろうか。

　図表2に示すように、昭和30（1955）年から平成26（2014）年までの60年間で、北海道・東北15.2％→11.6％、中国7.0％→5.6％、四国3.8％→2.7％、九州11.7％→9.3％と、いずれもシェアを相当程度低下させている。したがって、これらの地方と比較すると北陸はほぼシェアを維持しており、地方圏の中では比較的堅調に経済を発展させてきたことが分かる。

　なお、大都市圏を見ると、関東は30.4％→39.9％と大幅にシェアを拡大させている。中部は14.5％→15.3％となっていて、わずかではあるがシェアを拡大させている。しかし、近畿は17.4％→15.7％とかなりの低下である。結局、関

東が顕著にシェアを拡大させているほかは、中部が微増で、その他の地域は近畿を含めていずれもシェアを低下させていることがわかる。よく言われるように、この半世紀以上にわたって、東京一極集中が進んできたことが数字にはっきり示されている。

図表2　県内総生産（名目）におけるブロック別シェアの推移

	昭和30（1955）年 実額	シェア	平成26（2014）年 実額	シェア
北海道・東北	1,379.4	15.25	59,767.5	11.62
関　東	2,753.8	30.45	204,989.9	39.86
中　部 （うち北陸3県）	1,311.1 (256.6)	14.50 (2.84)	78,468.6 (12,179.6)	15.26 (2.37)
近　畿	1,574.5	17.41	80,741.4	15.70
中　国	629.3	6.96	28,611.1	5.56
四　国	341.4	3.77	13,790.6	2.68
九州（含む沖縄）	1,055.4	11.67	47,927.1	9.32
全県計	9,045.0	100.00	514,296.3	100.00

備考1．昭和30（1955）年：昭和55（1980）年基準で68SNA準拠
　　　平成26（2014）年：平成17（2005）年基準で93SNA準拠
備考2．単位：実額＝10億円、シェア＝％

　上で見たように昭和30〜平成26（1955〜2014）年度を通じてみると、全県計の伸びが北陸3県を上回っており、北陸はシェアをやや下げているが、人口の伸びを見ると国全体のほうが北陸を上回っているので、1人当たりに換算すると名目、実質とも伸びはほぼ同等となる。

　そこで次に、県内総生産（名目）について、10年ごとに区切って北陸3県と全県計の年平均成長率を比較してみよう（図表3）。（ただし、平成17〜26〔2005〜14〕年度は9年間）

　すると全人口では交互に伸び率の高い時期が来ているが、1人当たりでは北陸3県の平均成長率のほうが高い時期が多くなっている。全県計の平均成長率のほうが高いのは、高度成長前期の昭和30〜40（1955〜65）年度とデフレ下の平成17〜26（2005〜14）年度くらいである。石油ショックのあった時期の含まれる昭和40〜50（1965〜75）年度やバブル生成期から崩壊後までを含む昭和60〜平成7（1985〜95）年度では、明らかに北陸3県のほうが1人当たり

平均成長率が高くなっている。これは、高度成長前期には大都市への人口集中が劇的に進んだこと、デフレ時代にはリーマンショックがあり北陸の輸出関連企業が大打撃を受けたこと、逆に石油ショック時やバブル崩壊期には大都市ほど打撃が大きくなかったこと、によって説明される。

これまで、ふつうは全人口ベースで国内総生産や県内総生産などの計数が把握されてきた。それによって経済の実勢をとらえることに疑問をさしはさむことはなかった。しかし、上で見たように国民（県民）１人当たりの金額で比較することによって、個人の生活レベルでのより正確な地域間の比較、あるいは全国平均との比較が可能になるのである。

戦後の日本経済は、大都市への人口・産業の集中によって生産力を高め、高成長を実現してきた。それに伴って生産性も上昇したと考えられてきた。しかし、北陸３県の１人当たり成長率が全県平均と比べて遜色なく、時期によっては上回っていることから考えると、必ずしも人口・産業の集中だけが効率のいい経済を構築する道ではないことが知られる。つまり生産性という尺度で見た場合に、効率のいい経済を構築する方法はほかにもある可能性が示唆されているのである。今後の全国的な人口減少社会における経済政策や成長政策のあり方を考える場合に、この事実は大きな意味を持つことになると思われる。

図表３　１０年刻みで見た平均成長率（名目）の比較

		1955〜65	1965〜75	1975〜85	1985〜95	1995〜2005	2005〜14
北陸3県	全人口	12.1	16.8	7.8	4.4	0.4	−0.7
	１人当たり	12.0	16.2	7.1	4.3	0.5	−0.4
全県計	全人口	13.6	16.7	8.0	4.3	0.5	−0.2
	１人当たり	12.5	15.3	7.1	3.9	0.4	−0.2

3．県民所得

県内総生産は、生産活動で生み出された付加価値（産出額−中間投入額）の合計額であるが、県民所得は、ここから固定資本減耗、および純間接税（間接税−補助金）を控除したものとなっている。すなわち、県民所得は、①県民雇用者報酬（賃金・俸給、雇主の社会負担など）、②財産所得（利子、配当、賃貸料など）、③企業所得（利潤など）を合計したものであり、個人の所得だけでな

く企業利潤なども含んだ県経済全体の所得水準を表している。この県民所得についても、以下、域内総生産と同様に総額と1人当たりについて分析し、さらに項目別の内訳についても分析することとしたい。

　図表4に示すように、3県の県民所得の総額を比較すると、ほとんどの年度で富山県が多くなっているが、平成12（2000）年度には石川県が富山県よりやや多くなっている。その他の長期的な傾向は、域内総生産の場合と同様である。すなわち、3県とも足掛け60年間に40倍以上の規模になっており、全県計に対する3県の比率は2.9から2.4に低下している。（ただし、昭和40〔1965〕年の2.5から平成26〔2014〕年の2.4まで50年間の低下幅は0.1に過ぎない。）

　また、図表には示していないが、県内総生産の場合と同様、北海道・東北、中国、四国、九州に比べると低下幅が少ない。

　上段の県民所得を中段の人口で割ったものが下段に示した1人当たり県民所得の推移である。これについては、一貫して富山県が多くなっている。平成22（2010）および平成26（2014）年度は、石川県と福井県が逆転して富山、福井、石川の順になった。昭和60（1985）年度以降、富山と石川の差は、それ以前に比べると大きくなっており、平成2（1990）年度には40.3万円と石川県から見

図表4　県民所得の推移（名目、年度）

	1955	1965	1975	1985	1990	1995	2000	2005	2010	2014
富山	83	254	1193	2459	3458	3603	3605	3793	3338	3408
	102.1	102.5	107.1	111.8	112.0	112.3	112.1	111.2	109.3	107.0
	8.1	24.8	111.4	219.9	308.8	320.8	321.6	341.1	305.4	318.5
石川	74	240	1174	2390	3128	3419	3669	3562	3255	3406
	96.6	98.0	107.0	115.2	116.5	118.0	118.1	117.4	117.0	115.6
	7.7	24.5	109.7	207.5	268.5	289.7	310.7	303.4	278.2	294.6
福井	56	160	798	1652	2137	2374	2438	2353	2317	2347
	75.4	75.1	77.4	81.8	82.4	82.7	82.9	82.2	80.6	79.0
	7.4	21.3	103.1	202.0	259.3	287.1	294.1	286.3	287.5	297.1
3県計（比率）	212 (2.9)	654 (2.5)	3165 (2.5)	6501 (2.4)	8723 (2.4)	9396 (2.4)	9712 (2.5)	9708 (2.4)	8910 (2.4)	9161 (2.4)
全県計	7,303	26,103	125,172	266,882	361,332	389,469	396,216	400,752	374,853	388,507
	9,008	9,921	11,194	12,105	12,361	12,557	12,693	12,777	12,806	12,708
	8.1	26.3	111.8	220.5	292.3	310.2	312.2	313.7	292.2	306.5

備考1．上段＝県民所得（単位：10億円）、中段＝人口（単位：万人）、下段＝1人当たり県民所得（単位：万円）
備考2．「3県計」欄の上段は県民所得の合計値、下段は全県計に対する比率を示す。
備考3．基準年については、図表1の備考2に同じ。

て15％の差が生じた。平成7（1995）年度と平成17（2005）年度にも30万円以上の差があった。ただ、全期間を通じて3県とも全県平均の前後に位置しており、47都道府県の中での順位も3県ともほぼ中位となっている。

　次に3県の県民所得の内訳を見てみよう。平成2（1990）年度以降のデータを図表5に示している。ここから各県の特徴を挙げると、雇用者報酬は、総額で平成12（2000）年度までは富山、石川、福井の順だったが、平成17（2005）年度以降は石川、富山、福井の順となっている。富山は平成12（2000）年度から低下傾向、石川は平成17（2005）、平成22（2010）年度と低下し、平成26（2014）年度は増加した。福井は平成17（2005）年度から低下傾向にある。これらは、いずれもデフレの影響である。

　図表には示していないが、雇用者1人当たり県民雇用者報酬は、平成26（2014）年度で全県平均が469.5万円であるのに対して富山411.2万円、石川407.0万円、福井415.3万円となっている。平成13（2001）年度に全県平均が504.6万円に対して富山470.3万円、石川489.4万円、福井449.1万円だったのと比べると、富山で24.0万円、石川で47.3万円の格差拡大になったのに対して福井は1.3万円ほど格差が縮小した。

　雇用者報酬について、平成17（2005）年度以降、総額で石川、富山の順になっているのは、県民雇用者数で石川と富山の差が平成20（2008）年度までは1万人以下であった（平成20〔2008〕年度：富山県50万4502人、石川県50万9184人）のが、平成21（2009）年度2.6万人、平成24（2012）年度4.3万人、平成26（2014）年度5.2万人などと拡大しているからである。（平成26〔2014〕年度：富山県47万8611人、石川県53万0507人）

　財産所得は、非企業部門が対象で、一般政府、家計、対家計民間非営利団体が含まれるが、家計部門の利子、配当、保険契約者に帰属する財産所得（保険金の受取等）、賃貸料（不動産など）が大半である。

　この財産所得の総額については、平成2～26（1990～2014）年度のすべてで富山県が多くなっている。県民所得に対する財産所得の比率は数パーセントから10パーセント程度であるが、富山県の比率は石川、福井両県に比べて2～4パーセント程度高くなっている。財産所得の内訳を見ると、利子については平成2～7（1990～95）年度は富山、平成8～21（1996～2009）年度は石川、平

成22〜26（2010〜14）年度は富山が多くなっている。配当については平成2〜12（1990〜2000）年度は石川、平成13（2001）年度以降は平成21（2009）年度を除いて富山が多くなっている。賃貸料については一貫して富山が多くなっている。平成22（2010）年度以降は、どの項目でも富山が多くなっており、金融資産や不動産賃貸で稼ぐ堅実な県民性がうかがえる。

企業所得については、景気変動に伴って年々の振れが大きいが、県民所得の2割から年によっては3割以上となっており、雇用者報酬に次ぐウェイトがある。

なお、図表にはないが、1人当たり県民雇用者報酬を見ると、平成26（2014）年度で全県計が469.5万円に対して富山県411.2万円、石川県407.0万円、福井県415.3万円となっており、全県計との差がそれぞれ－58.3万円、－62.5万円、－54.2万円となっている。これも図表にはないが、1人当たり県民所得は、平成26（2014）年度に全県計が305.7万円に対して富山県318.5万円、石川県294.7万円、福井県297.3万円で、全県計との差はそれぞれ＋12.8万円、－11.0万円、－8.4万円である。このように富山県は1人当たり雇用者報酬では全県計より58.3万円少ないが、1人当たり県民所得では12.8万円多くなっている。石川県、および福井県も、マイナス差が県民雇用者報酬では大きいが、県民所得ではかなり小さくなっている。

図表5　県民所得の内訳の推移　　　　　　　　　　　　（名目、年度、単位：10億円）

	内訳	1990	1995	2000	2005	2010	2014
富山県	雇用者報酬	2113.2	2563.7	2513.0	2274.3	2007.2	1968.1
	財産所得	374.2	298.9	139.8	270.6	224.2	272.9
	企業所得	970.6	740.7	952.3	1248.2	1107.1	1166.7
	県民所得	3458.1	3603.3	3605.1	3793.1	3338.5	3407.8
石川県	雇用者報酬	1809.9	2264.2	2414.8	2312.3	2116.0	2159.4
	財産所得	289.6	219.9	136.2	209.8	176.6	216.9
	企業所得	1028.4	934.8	1117.8	1040.0	962.3	1029.3
	県民所得	3128.0	3418.9	3668.8	3562.1	3255.4	3405.6
福井県	雇用者報酬	1388.2	1627.3	1660.2	1515.1	1433.0	1432.4
	財産所得	217.1	147.4	77.5	100.0	74.5	92.0
	企業所得	531.4	599.5	700.4	737.4	809.2	822.8
	県民所得	2136.7	2374.3	2438.1	2352.5	2316.7	2347.1

備考1．1990/1995年度は平成7（1995）年基準、平成12（2000）年度は平成12（2000）年基準、2005/2010/2014年度は平成17（2005）年基準の計数である。

これは次のように解釈すればいいと考えられる。すなわち、人口に対する雇用者の比率を計算すると、全国平均が42.0％であるのに対して、富山県44.7％、石川県45.9％、福井県43.7％と高くなっており、1人当たり雇用者報酬が少ない分を働く人数の多さでカバーしているのである。北陸は女性の就業率が高く、みんなで働く気風が浸透していると言われるが、そのことをこの数字からもうかがうことができる。(ちなみに、1人当たり県民所得は、働いていない人も含めた平均値であり、1人当たり雇用者報酬は、働いている人だけの平均値である。)

4．1次・2次・3次産業別生産額

北陸における産業構造の変化を見るために、1次・2次・3次産業別生産額（付加価値額）の長期的な推移を分析する。ここで各産業は次のように分類される。

第1次産業　農林水産業（農業、林業、水産業）
第2次産業　鉱業、製造業、建設業
第3次産業　電気・ガス・水道業、卸売・小売業、金融・保険業、不動産業、運輸業、情報通信業、サービス業、政府サービス生産者、対家計民間非営利サービス生産者

なお、第3次産業のうち平成12（2007）年基準まで「運輸・通信業」とされていた産業が、平成17（2005）年基準から「運輸業」と「情報通信業」に分割された。

これに図表6の備考2に示すような加除を行えば県内総生産が計算される。すなわち、第1次〜第3次産業生産額の合計がそのまま県内総生産になるわけではなく、第1次〜第3次産業生産額にこれらの加除を行えば県内総生産となる。ただし、両者にそれほど大きな差があるわけではない。

まず、県ごとに年次推移を見ておこう。

富山県については、1次産業は20％台前半から急激に低下して近年は1％程度となり、平成26（2014）年度は0.8％となった。2次産業は昭和30（1955）年度の28.2％から昭和40（1965）年度の33.0％と増加し、昭和45〜平成7（1970〜95）年度までは40％以上となったが、21世紀に入ると30％台半ばになって

図表6　経済活動別生産額の推移　　　　　　　　　　　　　　　　（名目、年度、単位：10億円および%）

	産業	1955	1965	1975	1985	1990	1995	2000	2005	2010	2014
富山	1次	22 (21.4)	36 (11.0)	96 (6.9)	101 (3.6)	96 (2.2)	80 (1.7)	62 (1.2)	55 (1.1)	50 (1.2)	37 (0.8)
	2次	29 (28.2)	108 (33.0)	599 (43.0)	1208 (43.1)	1908 (43.3)	1937 (40.5)	1841 (36.8)	1737 (36.1)	1431 (33.0)	1528 (34.6)
	3次	51 (49.5)	183 (56.0)	699 (50.1)	1492 (53.3)	2404 (54.5)	2764 (57.8)	3101 (62.0)	3022 (62.8)	2852 (65.8)	2847 (64.5)
	産業計	103	327	1394	2801	4408	4781	5004	4813	4333	4411
石川	1次	20 (22.0)	29 (9.6)	93 (7.5)	87 (3.3)	83 (2.0)	64 (1.4)	58 (1.1)	50 (1.1)	45 (1.0)	38 (0.8)
	2次	23 (25.3)	102 (33.9)	470 (37.9)	921 (35.4)	1508 (35.9)	1504 (32.1)	1483 (28.7)	1244 (26.4)	991 (22.6)	1247 (27.5)
	3次	48 (52.7)	169 (56.1)	677 (54.6)	1593 (61.2)	2616 (62.2)	3124 (66.6)	3629 (70.2)	3418 (72.6)	3356 (76.4)	3257 (71.7)
	産業計	91	301	1240	2601	4206	4691	5170	4711	4392	4542
福井	1次	19 (26.4)	28 (13.4)	68 (7.7)	75 (3.7)	66 (2.2)	59 (1.7)	48 (1.4)	37 (1.1)	35 (1.1)	27 (0.9)
	2次	22 (30.6)	74 (35.4)	385 (43.6)	724 (35.8)	1004 (33.5)	1011 (29.8)	1030 (29.1)	911 (26.8)	851 (25.6)	913 (29.5)
	3次	31 (43.1)	108 (51.7)	430 (48.7)	1226 (60.5)	1923 (64.2)	2328 (68.5)	2459 (69.5)	2446 (72.1)	2437 (73.3)	2159 (69.7)
	産業計	72	209	883	2025	2993	3397	3537	3394	3323	3099
全県計	1次	1589 (17.0)	2914 (8.7)	8071 (5.7)	9162 (3.0)	9464 (2.0)	8143 (1.6)	6855 (1.3)	5731 (1.1)	5295 (1.1)	5141 (1.0)
	2次	3048 (32.6)	12879 (38.4)	58651 (41.5)	120774 (39.5)	161684 (34.5)	158718 (30.5)	149039 (27.5)	132784 (25.3)	116713 (23.6)	124818 (24.5)
	3次	4700 (50.3)	17783 (53.0)	74761 (52.8)	175640 (57.5)	297963 (63.5)	353145 (67.9)	385776 (71.2)	385619 (73.6)	372812 (75.3)	380240 (74.5)
	産業計	9336	33576	141483	305576	469112	520006	541670	524133	494821	510199

備考1．1955/1965年度は昭和55（1980）年基準、1975/1985年度は平成2（1990）年基準、1990/1995年度は平成7（1995）年基準、平成12（2000）年度は平成12（2000）年基準、2005/2010/2013年度は平成17（2005）年基準の計数である。
備考2．1・2・3次産業の合計を産業計とした。県内総生産を求めるには、①昭和55（1980）年基準では帰属利子を控除、②平成2（1990）年基準では輸入税を加え、帰属利子・その他を控除、③平成7（1995）年基準では輸入品に課される税・関税を加え、総資本形成に係る消費税を控除、④平成12（2000）年基準では輸入品に課される税・関税を加え、総資本形成に係る消費税、および帰属利子を控除、⑤平成17（2005）年基準では輸入品に課される税・関税を加え、総資本形成に係る消費税を控除する。
備考3．カッコ内は、各年度の各県・全県の産業計を100とした場合のパーセンテージを示している。

いる。3次産業は昭和30（1955）年度の49.5％から拡大し続け、近年は60％台半ばとなっている。産業計の生産額は足掛け60年間に42.8倍となっており、年平均では6.6％となるが、前半の昭和30～60（1955～85）年度（30年間）が11.6％であったのに対して後半の昭和60～平成26（1985～2014）年度（29年間）は1.6％と急降下している。

石川県については、1次産業は20％台前半から急激に低下して近年は1％程度となり、平成26（2014）年度は0.8％となった。2次産業は昭和30（1955）年度の25.3％から昭和40（1965）年度の33.9％、昭和50（1975）年度の37.9％と増加したが、昭和60（1985）年度以降は低下傾向となり21世紀には20％台で推移している。3次産業は昭和30（1955）年度の52.7％から拡大し続け、21世紀は70％台で推移している。平成22（2010）年度には2次産業が22.5％に低下したこともあって76.5％となったが、平成26（2014）年度には72.5％となり平成17（2005）年度の水準に戻った。産業計の生産額は59年間に49.9倍となっており、年平均では6.9％となるが、前半の昭和30～60（1955～85）年度（30年間）が11.8％であったのに対して後半の昭和60～平成26（1985～2014）年度（29年間）は1.9％と急降下している。

　福井県については、1次産業は20％台後半から急激に低下して近年は1％程度となっている。平成26（2014）年度には0.9％となった。2次産業は昭和30（1955）年度の30.6％から昭和40（1965）年度の35.4％、昭和50（1975）年度の43.6％と増加したが、昭和60～平成2（1985～90）年度には30％台となり、平成7（1995）年度以降は20％台後半となっている。3次産業は昭和30（1955）年度の43.1％から昭和40（1965）年度を除いて拡大し続け、平成17（2005）年度、平成22（2010）年度には72～73％程度となったが平成25（2013）年度は2次産業の拡大を受けて69.7％となった。産業計の生産額は足掛け60年間に43倍となっており、年平均では6.7％となるが前半の昭和30～60（1955～85）年度（30年間）が11.8％であったのに対して後半の昭和60～平成26（1985～2014）年度（29年間）は1.5％と急降下している。

　北陸3県を比較すると、1次産業比率は昭和30（1955）年度には富山21.4％、石川22.0％、福井26.4％と多少の差があったが、昭和50（1975）年度以降はほとんど差がなくなり、近年は1％前後で足並みをそろえている。平成26（2014）年度には3県とも1％を割り込んだ。2次産業比率は富山で昭和50～平成7（1975～95）年度に40％を超えており、福井も昭和50（1975）年度には43.6％となったが、石川は昭和50（1975）年度の37.9％が最高である。3県とも平成12～22（2000～10）年には比率を下げているが、平成25（2013）年にはやや取り戻した。3次産業比率は3県とも上昇傾向にあるが、福井県は昭和30（1955）年度の

43.1％から平成22（2010）年度の73.4％まで30.3％も上昇している。石川県は昭和30（1955）年度の52.7％から平成22（2010）年度の76.5％まで23.8％の上昇、富山県は昭和30（1955）年度の49.5％から平成22（2010）年度の66.3％まで16.8％の上昇である。産業計の生産額を比較すると、昭和30～平成7（1955～95）年度には富山県が多く、とくに昭和60（1985）年度と平成2（1990）年度には石川県と200億円の差があった。率にすると石川県から見て昭和60（1985）年度で7.7％、平成2（1990）年度で4.8％となる。その後、平成12（2000）年度には石川県が多くなり、平成17（2005）年度はまた富山県が多くなったが、平成22（2010）年度、平成26（2014）年度は石川県の生産額が上回った。

　北陸3県を全県計の数値と比較したときの特徴は次の通りである。

　1次産業比率は昭和30～50（1955～75）年度あたりまでは北陸3県が全国平均を上回っていたので、農業県的な色彩が少し残っていたが、昭和60（1985）年度以降はほとんど差がなくなり数量的には1次産業にとくに強みを持つ地域とは言えなくなっている。2次産業については、昭和30～40（1955～65）年度までは全県平均のほうが生産額比率が高かったが、昭和50（1975）年度からは富山県、平成2（1990）年度からは石川県、平成12（2000）年度からは福井県が全県平均の2次産業比率を上回っている。近年は北陸が製造業（ものづくり）に強みを持つ地域と認識されているが、そのことは数字からも確かめられる。3次産業比率については、平成12（2000）年以降は全国平均のほうが高い傾向があるが、昭和30～60（1955～85）年度の石川県、昭和60～平成7（1985～95）年度の福井県、昭和40（1965）年度の富山県は全国平均を上回っていた。3県の中では平成2（1990）、平成7（1995）年度を除いて石川県の比率が高くなっている。3県の生産額計の全県に対する比率は昭和30（1955）年度の2.8％から平成26（2014）年度の2.4％へ低下しているが、他の地方圏ほどの低下幅ではない。この点については、域内総生産や県民所得の場合と同様である。

　なお、北陸の強みとなっている製造業は、全体で全国に対して3.0％のシェアを持っているが、業種別に特に強い分野を知るために平成26（2014）年のシェアを見てみると、繊維19.9％、電気機械4.9％、化学4.6％、一般機械3.9％などとなっている。逆に全国で生産額の多い分野である輸送機械で0.8％、食料品で1.1％のシェアとなっている。県民経済計算とは別の統計であり、業種分類も

違うが、経済産業省の「鉱工業生産動向」、および「工業統計表」によって付加価値額ウェイト（平成22〔2010〕年基準）を計算している内閣府の「地域経済動向」の参考資料を見ると、北陸の鉱工業でウェイトが高いのは（カッコ内は全国のウェイト）、電子部品・デバイス工業20.8％（8.2％）、化学工業13.5％（12.8％）、はん用・生産用・業務用機械工業12.7％（12.7％）、繊維工業8.4％（1.8％）などとなっている。化学工業は富山県の薬品工業のウェイトが大きい。

5．まとめ

　以上、過去に蓄積された県民経済計算統計のうち、主として県内総生産（名目、実質）、県民所得（名目）、および1次・2次・3次産業別生産額（名目付加価値額）のデータを用いて長期的な北陸経済の推移について分析を加えた。最後に、これまでに得られた主要なポイントをまとめておきたい。

　第1に、北陸3県の名目県内総生産は、大まかに言って高度成長期（昭和30〜50〔1955〜75〕年度）、安定成長期（昭和50〜平成7〔1975〜95〕年度）、長期停滞期（平成7〜26〔1995〜2014〕年度）の3期に分かれ、それぞれ15％、6％、ゼロ％程度の年平均成長率を示した。足掛け60年間を通じた年平均成長率は6.8％だった。県ごとの平均成長率には6.7％〜6.9％と若干の差があるが、人口増加率に差があり、県民1人当たりでみると3県とも6.6％程度で、ほとんど差がなくなる。

　第2に、実質県内総生産の成長率でみると、期間を平均して1人あたりで富山3.6％、石川3.9％、福井3.7％となり、全県平均の3.8％とほとんど差はない。

　第3に、北陸の域内総生産（3県の合計）の全県計に対するシェアは、昭和30（1955）年度の2.8％から平成26（2014）年度の2.4％へ若干の低下を見せているが、北海道・東北（15.2→11.6）、中国（7.0→5.6）、四国（3.8→2.7）、九州（11.7→9.3）に比べると低下幅は小さい。

　第4に、10年ごとに区切って北陸3県の県内総生産と全県計の総生産とで名目平均成長率を比較すると、全人口では交互に高い時期が交代しているが、1人当たりでは昭和30〜40（1955〜65）年度（高度成長期で大都市に高付加価値産業が集中）と平成17〜26（2005〜14）年度（リーマンショックがあり、北陸の輸出産業に打撃）を除いて北陸3県のほうが高くなっている。

第5に、県民所得についてみると、総額では、差は大きくないが、ほとんどの時期で富山県が石川県より多くなっている。福井県は富山・石川両県の3分の2程度の規模となっている。1人当たりでは、すべての時期において富山県が石川県を上回っている。福井県は石川県と拮抗している。都道府県の中での順位は、3県ともほぼ中位である。

　第6に、1990年度以降について県民所得の内訳をみると、雇用者報酬は、近年は石川県が富山県を上回っているが、1人当たりでは富山県のほうが多い。財産所得は、一貫して富山県が多く、金融資産や不動産賃貸で稼ぐ堅実な県民性を示している。企業所得は、平成2～12（1990～2000）年度には石川県が多く、平成17～26（2005～14）年度には富山県が多くなっている。

　第7に、北陸3県は1人当たり雇用者所得で見る場合より1人当たり県民所得で見る場合のほうが全県計との差が小さくなる（富山県は逆転し、3県とも47都道府県の中での順位が上がる）が、これは雇用者比率が高く女性を含めて皆で働く気風の表れであると考えられる。

　第8に、1次～3次産業別にみると、3県とも1次産業比率が大幅に低下して1％以下となっており、数量的には農業県のイメージはない。2次産業比率は、3県とも全県計を上回っており、製造業（ものづくり）に優位性を持つ地域であることが分かる。とくに富山県は全県計を10％程度上回っている。3次産業比率は、3県とも上昇してきており、サービス化が進んでいるが、県によって程度の差があり、石川県は全県計並みであるが、福井県はやや下回り、富山県はかなり下回っている。

　第9に、製造業について、北陸で特に盛んなのは、電気機械、化学、一般機械などであり、全国シェアもそれぞれ4～5％となっている。繊維は全国シェアが19.9％と高いのが特徴である。逆に、輸送機械、食料品は全国的には生産額の多い業種であるが、北陸の生産額は少なく、全国シェアも1％前後となっている。

　全体を通じて、名目のデータを中心に分析を行った。これは、完全に接続した長期的な実質系列が整っていないこともあるが、国際比較と異なり、国内の地域間の比較では、物価変動の地域差は目立つほどではないので、実質値を用いる意味がそれほど大きくないからである。

また、県全体の数字に加え1人当たりの数字を重視したことも本稿の特徴である。戦後日本の経済成長は人口増加が前提となっており、国でも地域経済でも全体の伸びを見ることに注意を向け、ともすれば1人当たりの数字を見過ごしがちだった。これまでも人口増加率には地域差があったわけであるが、近年は地方圏から人口減少が始まり、それが多くの県に広がっている。近い将来には大都市圏でも人口減少が始まると見られている。そのような状況であれば、今後は総額の伸びよりも1人当たりの伸びで経済状況を判断するのが適切ではないか、と思われる。事実、これまででも、本稿で見たように、1人当たりで見れば、全国平均との比較において、北陸が地盤沈下したという事実はないことがはっきり証明された。

第2章
北陸における人口動向50年の軌跡

福井県立大学　佐々井　司

1. はじめに

　日本の人口は21世紀に入って間もなく1億2800万人をピークに長期的な減少基調に入った。これまでのところ首都圏と沖縄県等、一部の地域で依然人口が増加しているものの、早晩すべての都道府県で人口減少が始まる。北陸も例外ではない。

　今から半世紀前の1960年代半ば、高度経済成長の真っただなか、東京オリンピックや大阪万国博覧会など日本の繁栄を象徴するような大イベントが開催された時期に、日本全体の人口は1億人に達した。そのころ、北陸（富山県、石川県、福井県の3県）の人口は275万人、全国の3％を占める規模であった。1990年代半ば、バブル経済が崩壊してまもなく北陸の人口は313万人でピークを迎える。全国より10年早く人口減少が始まっており、平成28（2016）年には35年間維持してきた300万人の大台を切り、今後も減少が続くことは確実視されている。また、人口減少と同時に人口高齢化が進んでいる。現在日本全体では、人口の高齢化率、すなわち総人口に占める65歳以上人口の割合が27％となり、4人に1人が高齢者という状況である。一方、北陸では高齢化率が30％と、日本全体よりも高齢者割合が高い人口構成となっている。

　本章では、半世紀にわたる北陸人口の軌跡について、日本全体における北陸人口の位置づけと特徴に注目しながら概説を行い、地域経済戦略を考えるうえでの基礎的資料としたい。

2．北陸3県の人口の動向（図表1）

（1）全国シェア

　日本全体の人口は、国勢調査等の公的統計によって把握されている戦前から概ね一貫して増加してきた。北陸3県の人口も増加傾向にあるが、その経緯は全国と明確に異なる。大正9（1920）年の時点で北陸3県の人口が全国の人口に占める割合は3.7％（富山県1.3％、石川県1.3％、福井県1.1％）であったが、以降、北陸の人口増加率は全国に比してさほど伸びておらず、近年になって人口減少に入るタイミングも全国より早い。よって全国に占める北陸人口のシェアは、1960年代半ばに3％、人口ピーク時の1995年半ばに2.5％となり、以降現在に至るまで微減傾向にある。

（2）人口増加とピーク人口

　戦後、1960年代半ばにかけて3県ともに実に安定した人口水準を維持していたと言える（図表2）。この間、北陸全体では275万人前後で推移している。ただし1960年代後半以降、北陸3県の人口動向に差異がみられ始める。石川県が全国並みの高い人口増加を示すことにより、人口規模において富山県、福井県との開きが拡大している。1980年代以降石川県における人口増加の勢いは鈍化したものの、他の2県における人口減少速度と比して依然緩慢に推移しており、3県の人口動向は歩調を違えている。北陸全体の人口のピークは313万（平成8〔1996〕年）で、昭和40（1965）年の275万人と比較して14％増。他方、日本全国におけるピークは1億2808万人（平成20〔2008〕年）で昭和40（1965）年時点の人口に対して30％超の増加となっていることから、北陸人口は相対的に

図表1　人口総数の推移

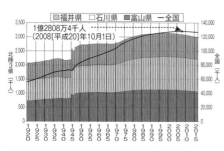

（注）総務省統計局『国勢調査』『人口推計』より作成

図表2　人口総数の増減
　　　　（1965年人口＝100とした場合）

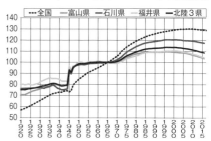

（注）総務省統計局『国勢調査』『人口推計』より作成

小さな伸びに留まっていると言える。ちなみに、富山県における人口のピークは平成8（1996）年の112万5000人、石川県は平成13（2001）年の118万2000人、福井県は平成13（2001）年の83万人であり、昭和40（1965）年時点における各県の人口規模を基準とするとそれぞれ10％、21％、11％増となっている。

（3）年齢構成（図表3）

　北陸人口は年齢構成にも特徴がある。総人口に占める0～14歳（年少）人口の割合は全国の推移傾向とほぼ一致しており、北陸でも少子化が全国並みに進んでいることが示唆される。他方で、15～64歳（生産年齢）人口の割合は全国よりも小さく、近年では2.5％ほどの差が生じている。北陸においては、いわゆる働き盛りの人口が全国に比べて少ない状態が慢性的に続いていると言える。逆に、65歳以上（老年）人口割合は全国よりも2.5％ほど高く、人口高齢化が全国よりも若干速く進んでいる。

　人口の年齢構成を支える側と支えられる側の比率によって表わす従属人口指数という指標がある。年少人口と老年人口の和を分子に、生産年齢人口を分母として算出する比率で、働き盛りの人口の社会的負担を統計上象徴的に示す際に用いられる。数値が高いほど若い人の負担が大きく、低いほど若年者一人あたりの負担が相対的に軽くなる、とみなすことができる。日本の高度経済成長期が同指数の低い時期とほぼ一致していたことから、従属人口指数が低い状態を「人口ボーナス」と呼び、経済成長を支える有利な人口条件であると考えられている。同じコンセプトで北陸3県の推移を観測すると（図表4）、1980年代ごろから全国との開きが拡大しており、年齢構成のうえでは若年者の社会的負

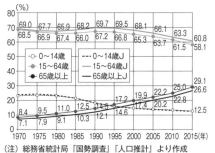

図表3　年齢3区分割合の推移
　　　　　　　　　　（北陸3県と全国）
（注）総務省統計局『国勢調査』『人口推計』より作成

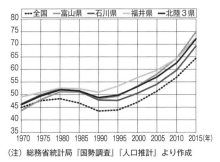

図表4　従属人口指数
（注）総務省統計局『国勢調査』『人口推計』より作成

担が相対的に大きくなっている可能性が示唆される。

3. 北陸人口の変動要因

　人口の変動要因は統計分析上、出生、死亡、人口移動の3つに限られる。日本における人口減少と高齢化は、戦後出生率が急速に低下し、その後の低迷状態が長期化していることによって概ね説明が可能である。移民を含む国際人口移動が大規模で発生しているヨーロッパやアメリカと異なり、わが国の国境を跨ぐ人口移動は観光等の短期滞在者を除けば日本の総人口に比して極めて少ないため、日本全体の人口変動は主として出生と死亡の2要因の動向によって説明が可能となる。

（1）出生と死亡

　合計特殊出生率（Total Fertility Rate）とは年齢別の女性人口と母の年齢別出生数から算出する出生指標である。算出された出生率とその出生パターンが不変であると仮定した場合、この数値は一人の女性が生涯を通じて出生する子ども数の平均値を意味することになる。さらに、出生時の男女児性比と女性の死亡率を考慮して人口置換水準と呼ばれる出生率を算出することができる。出生時に女児100に対して男児105、女性の死亡率が低い日本では、この水準が2.07となる。すなわち計算のうえでは、一人の女性が生涯を通じて出生する子ども数が平均2.07人であれば、日本の人口規模は長期的に一定不変となる。日本の合計特殊出生率は現在1.45で、人口置換水準2.07の70％に相当する。このことは、日本の出生率が1.45のまま推移すると仮定すれば、親世代に対して子どもの数が3割ずつ減少し、長期的には日本の人口がマイナス30％のサイクルで縮小再生産を繰り返すことになる。

　北陸3県の合計特殊出生率は（図表5）、全国的にみて相対的に高い。とりわけ福井県は全国値を0.2ポイント近く上回っている。理論的には、出生率と人口増加率とは正の相関関係にあるはずであるが、わが国の都道府県別にみた両者の関係にはこの理論が当てはまらない。わが国では年齢構成の違いをコントロールすれば地域間の死亡率格差は極めて小さく、北陸においてはむしろ全国値と比して死亡率が低く長寿の傾向さえあることから（図表6）、死亡が出生率と人口増加率の関係を混乱させる要因にはなり難い。ゆえに、現状の北陸人口

に最も影響を及ぼしている人口学的要因、それが人口移動ということになる。

（2）人口移動

地域人口は、出生数と死亡数の2要因で決まる自然動態の緩やかで比較的安定した変化に加え、人口移動という定量的に不安定な要因によって変動している。地域別の人口構造は人口移動の状況によりかなり異なる様相を呈することになる。

図表7は人口の変動要因である出生、死亡、人口移動、それぞれの推移を示したものである。1950年代から1970年代にかけて北陸から県外に転出する人口が転入者を大きく上回ることで大幅なマイナスの転入超過、換言すれば大規模な転出超過が観測される。ただし同期間の自然動態はベビーブームなどを背景に転出超過を埋め合わせる規模で人口増加に寄与していた。高度経済成長期が終焉する1970年代以降、人口移動は低調になるものの、転出超過がその後も断続的に続いたことから人口減少のタイミングが早期化した。平成12（2000）年前半に自然動態がマイナスに転じた後も人口移動は転出超過で推移しており、人口減少に拍車をかけている。また、人口移動は主として10歳代後半から30歳代後半の若い年齢に集中して生じるため、北陸における転出超過は長期にわたり地域人口の高齢化を促進してきた。

図表5　合計特殊出生率

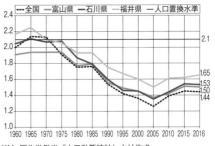

（注）厚生労働省『人口動態統計』より作成

図表6　平均寿命

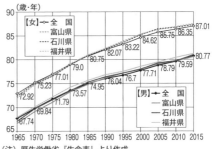

（注）厚生労働省『生命表』より作成

図表7　北陸人口の変動要因

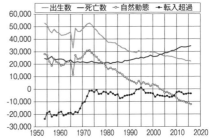

（注）厚生労働省『人口動態統計』、総務省統計局『住民基本台帳人口移動報告』より作成

北陸3県の人口移動は転出先と転入元の関係において特徴がみられる（図表8-1～8-3）。北陸3県はいずれも東京都に最も多くの若年人口を送り出しており、神奈川県、千葉県、埼玉県を合わせた首都圏への転出超過が大半を占めている。また、地理的に名古屋圏や大阪圏に近い福井県、石川県では、愛知県や大阪府に対しても転出超過が顕著である。逆に、富山県では新潟県に対して、石川県では福井県や富山県に対して転入超過となっており、地理上の関連性が人口移動に影響していることがうかがえる。

（3）県内における人口分布の特徴

　マイナスの自然動態と転出超過によって人口減少と高齢化が進行しつつある点は北陸3県とも共通しているものの、人口移動に関してはその詳細において3県の傾向が異なっている。この傾向の違いは各県内の市町別人口分布にも着実に変化をもたらしている。今日の人口減少は、すべての地域で均質的に生じているわけではなく、人口移動を伴って局所的に進行している。人口が増加し過密化する地域がある一方で、過疎化、限界化、引いては中長期的に居住者ゼロが危惧され消滅の可能性さえある地域が顕在化し始めている。北陸3県でもそ

図表8-1　都道府県間別にみた転入超過数（富山県）

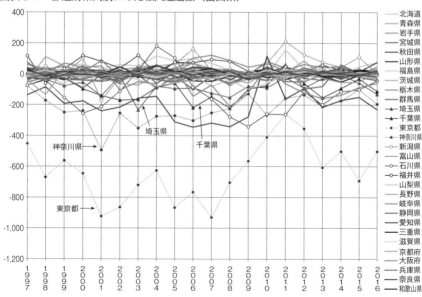

（注）総務省統計局『住民基本台帳人口移動報告』より作成

図表8-2　都道府県間別にみた転入超過数（石川県）

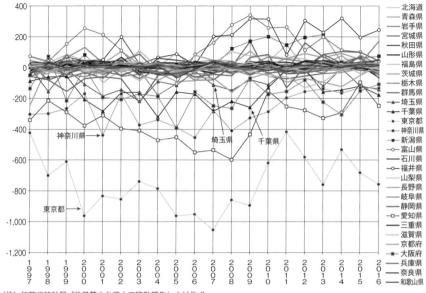

（注）総務省統計局『住民基本台帳人口移動報告』より作成

図表8-3　都道府県間別にみた転入超過数（福井県）

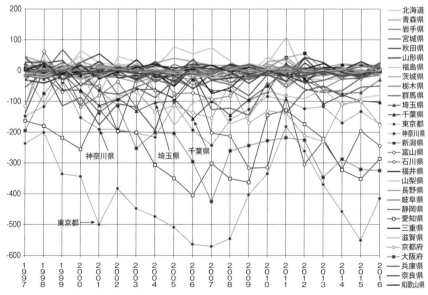

（注）総務省統計局『住民基本台帳人口移動報告』より作成

第2章　北陸における人口動向50年の軌跡　29

図表9-1 市町別にみた転入超過数（富山県）

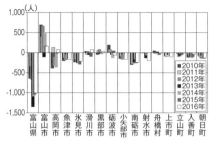

（注）総務省統計局『住民基本台帳人口移動報告』より作成

図表9-2 市町別にみた転入超過数（石川県）

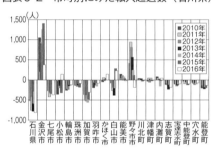

（注）総務省統計局『住民基本台帳人口移動報告』より作成

図表9-3 市町別にみた転入超過数（福井県）

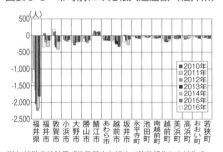

（注）総務省統計局『住民基本台帳人口移動報告』より作成

それぞれの域内人口が一定の方向性を持って偏在する傾向がみられる（図表9-1～9-3）。富山県と石川県では県庁所在地とその周辺地域への転入者が多く、福井県では県庁所在地に隣接する鯖江市に人口が流れている。他方、それ以外の市町において人口の転出超過が慢性化しており、各県内における市町別人口分布の濃淡が鮮明になりつつある。

（4）外国人人口の動向

少子高齢化と人口減少の打開策の一つとして外国人人口の増加に期待する向きもある。しかしながら、現状の人口構成を鑑みるに特効薬になるとは考え難い。日本全体でみると、外国人人口は近年増加傾向にあり現在約230万人（総務省「住民基本台帳に基づく人口（平成29〔2017〕年1月1日現在」）。毎年過去最大数を更新しているものの、総人口に占める割合は現在でも2％に満たない。他方、北陸3県には約4万人の外国人が居住しているが、総人口に占める割合は1.3％とさらに少ない。近年、日本と周辺アジア諸国との経済格差は急速に縮小していることから、今後外国人の移住・定住を促すには、これまでと大きく異なるアプローチが不可欠となる。現状からすると、人口減少と高齢化を緩和・解消するために外国人（とりわけ労働力として）人口を増やすという提案にはあまり現実味がないように感じられる。仮に外国人人口が想定以

上に増加するような社会になるとすれば、それは現在とは全く異なる日本であり、北陸になっていることであろう。

4. 北陸人口のこれから ～地方創生に向けて～

今後わが国では規模の縮小と高齢化が同時に進行することが確実視されている（図表10）。北陸をはじめとする各地域では、若年人口の転出が加わることでさらに厳しい状況が続くとみられる。地域経済が生産と消費両面において域内人口構造と不可分の関係にあることを鑑みれば、これまでと同様の経済活動に依拠した地域社会の継続がいずれ困難に直面するであろうことは容易に想像がつく。

他方、国家戦略の一つとして掲げられる地方創生戦略は、少子化に歯止めをかけると同時に、首都圏に一極集中する人の流れを転換し、全国の人口減少と高齢化の同時進行を中長期的に食い止めることをターゲットに展開されている。現在日本が直面する少子化を発端とする人口減少社会は前人未到の局面であり、世界のどこを探しても習うべき前例がないことから、その打開策は私たち自ら

図表10　日本の将来推計人口

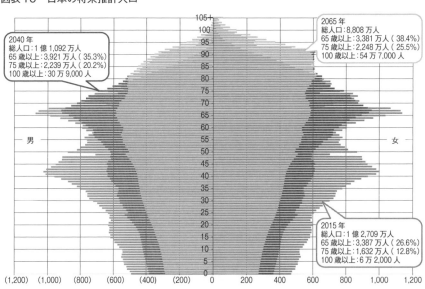

（注）国立社会保障・人口問題研究所『日本の将来推計人口（平成29年推計）』より作成

が模索するしかない。翻(ひるがえ)って、北陸3県が人口減少社会のもとで今後も生き残っていくためには、地域固有の存在意義を認識し自他ともに魅力を感じる地域社会を具現化する他ない。人口と地域経済、その両輪がうまく噛み合った社会の構築を可能とする総合的な施策を講じることができれば、まさに理想的であろう。北陸にはそのポテンシャルがある。

第3章
北陸地方の女性就業とキャリア形成

福井県立大学　中里　弘穂

1. はじめに

　北陸地方（本稿では富山県・石川県・福井県とする）の女性は働き者であると言われる。女性の就業率は富山県、石川県、福井県において毎年全国の上位を占める。就業率の面では全国の中で上位と言える北陸地方の女性であるが、その能力は十分に活用されているのであろうか。政府は成長戦略の中核として「女性の活躍」を推奨し単に就業率を上昇させるだけでなく「女性の雇用を増加させ、管理職など指導的立場の女性の割合を30％にする」という目標を掲げている。女性の活躍を推進する目的は、少子化の進展に対し将来的な労働力不足への対応を女性の労働力率を向上させることで補うほか、男性と異なる視点での新たなサービスや製品を生み出すことにより新規需要を発掘することへの期待などである。

　近年、全国的にも女性の就業率は上昇してきているが、働く意思がありながら働くことのできない女性が今尚300万人程度存在するという。また第1子の出産を機に約6割の女性が離職する、育児後の再就職は非正規雇用となる割合が高い、女性の管理職は1割程度と男性に比べ低いなど、女性の活用についてはさまざまな課題を抱えている。本章では全国に比べ就業率が高い北陸地方（富山県・石川県・福井県）の女性就業に焦点を当て、高い就業率を維持している背景や就業への意識、管理職比率等を分析し、仕事と家庭や育児を両立する中で女性の能力を活用し暮らしやすく、働きやすい生活の実現のための方向性を考察するものである。

2．女性活用の背景

　昭和60（1985）年に制定された「男女雇用機会均等法（雇用の分野における男女の均等な機会及び待遇の確保に関する法律）」は、女性の質的および量的な就業の向上に大きな役割を果たした。この法律が制定される以前においては、女性保護の名のもとに残業の制限、深夜業務、危険業務の禁止など女性の就業や働き方を制限すると同時に、採用や昇進、給与面での差別が多く見られた。「男女雇用機会均等法」が制定され「募集、採用、配置、昇進」において女性を男性と同等に扱うことが義務付けられ、「教育訓練、福利厚生、定年、退職等」において女性に対する差別的取り扱いを禁止した。あわせて労働基準法等を改正し、残業規制の上限の引き上げ、深夜業可能な業務の拡大、母性保護以外の危険有害業務の規制を大幅に解除した。

　その後、平成9（1997）年には事業主に対するセクシャルハラスメント防止措置の義務化、平成18（2006）年には、女性だけでなく男女双方に対する差別の禁止を盛り込むなど改正が加えられ今日に至っている。男女雇用機会均等法の制定から30年以上経過し働く上での環境整備は進み、この間女性の雇用者数、雇用者に占める女性の割合は年々増加している。

　同様に平成3（1991）年に制定された「育児・介護休業法（育児休業、介護休業等育児又は家族介護を行う労働者の福祉に関する法律）」は、育児・介護と仕事の両立を図る女性にとり大きな支援となった。制定当初は「労働者は申し出により子が1歳に達するまでの間、育児休業をすることができる」というもので、その後数度の改正が行われ現在は子の預け先が見つからないなどの条件を満たす場合は最大2年までの育児休業期間が認められるようになった（平成29〔2017〕年10月以降）。

　北陸3県での育児休業の利用率はどの程度なのか。平成24（2012）年の総務省「就業構造基本調査」[注i]によれば富山県が4600人で利用率は63.0％、石川県が4300人で60.6％、福井県が3800人で64.4％となっている。全国平均は63.4％

（注i）　総務省統計局が実施している国民の就業実態に関する統計調査。昭和57（1982）年以降は5年ごとに行われている。平成29（2017）年の調査では全国52万世帯の108万人を対象に実施している（公表は平成30〔2018〕年）。

であるから平均的な取得率と言えるであろう。育児休業の利用率が高い地域は奈良県（82.8％）、東京都（79.0％）、大阪府（74.6％）と都市部及び都市近郊の地域になる。

　安倍政権は成長戦略として、1億総活躍社会の実現を目指す中で女性の活躍を掲げ平成28（2016）年には「女性活躍推進法（女性の職業生活に関する活躍の推進に関する法律）」を制定した。この法律は女性の雇用、活用を促進することを目的とし女性を雇用する国・地方公共団体および従業員数301人以上の大企業に「女性活躍に関する状況の把握と課題の分析」「女性活用に向けての行動計画の策定と外部への公表」「女性活用の行動計画の実施と定期的な効果測定」等を求めたものである。

　内閣府男女共同参画局のHPには、都道府県の女性活用状況が掲載されている。それによれば富山県の女性正規職員の割合は38.2％であり、石川県、福井県は職員全体の51.6％、58.2％（看護師を含む）が女性である。県職員における女性職員の割合は比較的多いが、女性管理職になると富山県11.0％、石川県8.4％、福井県10.3％とかなり少なくなる。公表については北陸3県を含め、特に民間企業においては未公表の部分も多く女性の就業状況・活用状況についての把握が十分に行われていない状況が散見される。

　このように女性の就業促進や活用については法整備も進み、女性が働きやすい環境は徐々に整いつつあると言えるであろう。

3．北陸地方の女性就業の状況

（1）女性の就業率の推移

　北陸地方の女性の就業を考えるにあたり、まず用語を整理したい。就業者と完全失業者を合わせたものを「労働力人口」という。すでに仕事を持っている者とこれから仕事を持とうと求職活動をしている者の合計である。「労働力率（労働力人口比率）」とは、15歳以上人口に占める労働力人口の割合である。

　「就業率」は、15歳以上人口に占める就業者の割合である。就業者は、就業者（収入を伴う仕事をしている者）と休業者（仕事を持っているが病気などのために休業している者）の合計であるから、就業率は15歳以上人口のうち実際に労働力として活用されている割合を示している。総務省では就業・不就業の

状況を把握するため、一定の統計上の抽出方法に基づき選定された全国約4万世帯の方々を対象に毎月労働状況を調査している（労働力調査）。

総務省の「労働力調査」によれば平成28（2016）年の女性雇用者数は、2531万人（推計）で前年に比べ57万人増加している。雇用者総数に占める女性の割合は44.2％である。全国において雇用者に占める女性割合は年々増加しており（図表1）、北陸3県でも同様の傾向が見られる。

さらに図表2のグラフのように北陸地方の女性の就業率は常に全国女性の就業率を上回っている。北陸地方の男性の就業率は、富山県の場合、昭和45（1970）年は84.8％であるが平成27（2015）年には68.1％、石川県は同様に83.3％から68.0％、福井県は84.1％から68.9％へとそれぞれ15ポイント以上低下している。男性の就業率の低下は団塊の世代が定年を迎えたためと説明されている。女性の場合も図表3のように富山県の場合、昭和45（1970）年は60.8％であるが平成27（2015）年には50.8％（全国6位）に低下している。石川県は同様に60.2％から51.8％（同2位）、福井県は65.0％から52.6％（同1位）へと3県とも就業率は低下しているものの男性に比べると低下の幅は少ない。また北陸地方の女性の場合全国平均の女性就業率48.3％からみると就業率が高く全国的に上位を占めている。更に15歳以上の女性人口に占める就業者の比率には低下が見られるが、雇用者に占める女性の就業比率は北陸地方も上昇している。

（2）結婚、出産時期の労働力率の低下

日本女性の労働力率はM型と称されるように20代半ばから30代前半の結

図表1　男女雇用者数と女性割合の推移

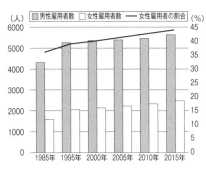

出所：総務省「労働力調査」より筆者作成

図表2　北陸地方の女性就業率の推移

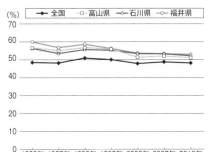

出所：総務省「労働力調査」より筆者作成

図表3　北陸3県の女性就業率

	1970年	1980年	1990年	2000年	2010年	2015年
富山県就業女性	258,527人	246,574人	258,374人	259,596人	243,788人	229,100人
就業率	60.8%	54.9%	53.2%	51.5%	49.9%	50.8%
石川県就業女性	245,136人	243,230人	264,936人	267,374人	261,547人	231,600人
就業率	60.2%	54.5%	53.4%	51.3%	51.2%	51.8%
福井県就業女性	195,483人	188,510人	192,293人	190,919人	180,003人	181,255人
就業率	65.0%	58.7%	55.5%	52.6%	50.9%	52.6%

出所：総務省「国勢調査」より筆者作成

婚・出産時期に低下し、子育て終了後の30代後半から40代にかけて上昇するという特徴を持つ。結婚出産時期に労働力率が著しく低下する現象は、他の先進諸国ではほとんど見られない。全国の女性の労働力率は、年齢階級別では昭和51（1976）年には20代後半から30代前半にかけてかなりの低下がみられる（図表4）。20年後の平成8（1996）年になるとM型の底は30代前半になり浅くなる。さらに20年後の平成28（2016）年にはM型はほぼ解消されている。

　各年齢層による女性の労働力率の変化を、平成27（2015）年の「国勢調査」からみていく。労働力率であるので、就業中の女性と求職中の女性の合計である。図表5より北陸3県の女性の年齢階級別労働力率はほぼ同じような形で推移しており、M型と言われる結婚出産時期の落ち込みは全国に比べ少ない。全国的には婚姻率の低下がみられるが、北陸3県の場合有業者における有配偶者の割合は、全国の58.2％に対し富山県65.7％（全国6位）、石川県65.2％（同7位）、福井県67.5％（同2位）と高く、仕事と家庭を両立する女性が多いという

図表4　全国の年代層別女性の労働力率の推移

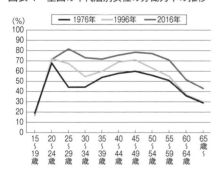

出所：総務省「労働力調査」より筆者作成

図表5　北陸3県の年齢階級別女性労働力率

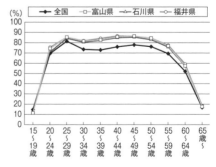

出所：総務省「国勢調査」（2015年）より筆者作成

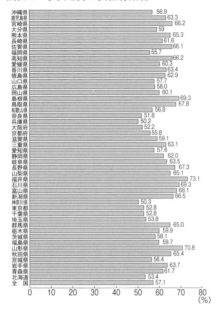

図表6　子供を持つ女性有業者

出所：総務省「就業構造基本調査」2012年より筆者作成

傾向を持つ。

　また全国の場合、労働力率が一番高いのは25歳から29歳であるが北陸3県では45歳から49歳になるという特徴が見られる。子育て時期と言われる25歳から44歳の労働力率は、全国が75.6％であるのに対し福井県が84.6％（全国3位）富山県が84.0％（同5位）石川県が83.0％（同9位）と高い。これは共働き世帯の割合が高いということにも裏付けられており、共働き世帯は福井県58.6％（全国第1位）富山県55.9％（同第4位）石川県55.8％（同第5位）となる（平成27〔2015〕年総務省「国勢調査」）。さらに同調査によれば「子供がいる世帯のうち母が有業の世帯」は全国が57.1％に対し福井県73.1％（全国1位）、石川県69.3％（同3位）、富山県68.1％（同5位）となっている。図表6のように働く母親は都市部や都市近郊では少なく、東北、北陸、山陰など地方に多い。

　女性の労働力率が高い背景には、3世代同居率の高さ（富山県29.5％〔全国5位〕、石川県21.8％〔同18位〕、福井県31.9％〔同2位〕：平成22〔2010〕年総務省「国勢調査」）、保育所の普及率の高さ（富山県68.2％、石川県67.6％、福井県68.5％：同調査）や自動車通勤者の比率の高さ（富山県72.0％、石川県64.6％、福井県69.9％：同調査）などが考えられる。

（3）正社員比率の高さ

　女性の場合、結婚出産による離職の後パート勤務による復職が多いと言われるが、北陸3県の女性は全国に比べ正規の職員・従業員の比率が高いことも特徴の一つである。総務省の「就業構造基本調査」によれば平成21（2009）年の女性の正規雇用者比率は全国の44.7％に対し、富山県が55.7％で全国1位、福井県が55.3％で全国2位、石川県が52.5％で全国6位である。全国の場合女性の

図表7　北陸3県女性の雇用形態と比率

	全国		富山県		石川県		福井県	
	正規雇用者	パート	正規雇用者	パート	正規雇用者	パート	正規雇用者	パート
2007年	10,525,500人 (44.7％)	7,940,000人 (33.7％)	124,200人 (55.7％)	65,000人 (29.2％)	125,300人 (52.5％)	70,900人 (29.7％)	88,100人 (55.3％)	43,700人 (27.4％)
2012年	10,301,300人 (42.5％)	8,546,500人 (35.2％)	114,300人 (51.9％)	68,800人 (31.2％)	116,800人 (48.0％)	77,800人 (32.0)	84,300人 (51.2％)	52,000人 (31.6％)

出所：総務省「就業構造基本調査」2007年、2012年より筆者作成

図表8　北陸3県女性の勤続年数

	全国	富山県	石川県	福井県
1995年	7.9年	10.4年	8.7年	9.8年
2005年	8.7年	11.5年	9.6年	10.6年
2015年	9.4年	11.0年	10.3年	11.3年

出所：総務省「国勢調査」1995年、2005年、2015年より筆者作成

パート勤務者の比率は33.7％と3人に1人であるのに対し、富山県が29.2％（全国41位）、石川県が29.7％（同40位）、福井県が27.4％（同44位）と少なくなる。平成24（2012）年になると全国的に正規雇用者の比率は42.5％と低下し、パート勤務者の比率が35.2％と増加する。石川県の正規雇用者比率は全国12位とやや低下するが、富山県が51.9％で全国1位、福井県が51.2％で全国2位は変わらない。パート勤務者もやや増加するが富山県が31.2％（全国42位）、石川県が32.0％（同39位）、福井県が31.6％（同41位）と全国に比べ少なく北陸地域は正規雇用者として安定した立場で働く女性が多い状況にある（図表7）。

勤続年数についてはどうか。図表8のように全国の女性の勤続年数も平成7（1995）年の7.9年から平成27（2015）年の9.4年と20年で1.5年延びている。北陸3県の場合もともと勤続年数は長く平成7（1995）年の場合、富山県が10.4年、石川県が8.7年、福井県が9.8年である。平成27（2015）年には富山県が11.0年、石川県が10.3年、福井県が11.3年とこの20年でやはり1.5年ぐらい伸びている。北陸地方の女性は正規雇用者としての就業が多く勤続年数が長い安定した働き方が多いと言えるであろう。

(4) 北陸女性の就業する産業

北陸地方は製造業が盛んな地域である。女性の多い職場というと医療・福祉やサービス業が思い浮かぶが、北陸の女性たちはどのような業種で働き、どの

図表9　北陸地方女性の就業産業別割合

		1985年	1990年	1995年	2000年	2005年	2015年
富山県	第1次産業	10.6 %	7.3 %	5.9 %	4.0 %	3.8 %	2.3 %
	第2次産業	33.9 %	34.5 %	32.2 %	29.0 %	24.5 %	21.5 %
	第3次産業	55.4 %	58.0 %	61.8 %	55.7 %	71.2 %	76.2 %
石川県	第1次産業	8.9 %	6.4 %	5.2 %	3.5 %	3.3 %	2.1 %
	第2次産業	30.0 %	30.4 %	27.4 %	24.6 %	21.0 %	17.8 %
	第3次産業	61.0 %	63.0 %	67.2 %	71.3 %	74.5 %	80.1 %
福井県	第1次産業	11.4 %	8.3 %	7.1 %	4.6 %	4.2 %	2.8 %
	第2次産業	36.5 %	36.2 %	32.5 %	29.8 %	25.1 %	21.2 %
	第3次産業	52.0 %	55.4 %	60.2 %	65.3 %	70.1 %	76.0 %

出所：総務省「国勢調査」より筆者作成

ような変遷があったのであろうか。図表9に見られるように北陸3県の女性は第3次産業（卸小売業・サービス業・金融保険業・医療福祉等）で働く割合が高く、平成27（2015）年には7割から8割近くを占めている。全国においても第3次産業で働く女性の割合は高く、平成27（2015）年の場合、第3次産業に従事する女性は82.6％である。

時代の流れにより北陸地方の女性が従事する産業にも変化が見られる。農林漁業にあたる第1次産業に従事する女性は昭和60（1985）年において富山県10.6％、石川県8.9％、福井県11.4％であったが、平成27（2015）年にはそれぞれ2.3％、2.1％、2.8％と大幅に減少する。製造業、建設業等の第2次産業に従事する女性についてもこの20年余りで減少している。昭和60（1985）年には富山県33.9％、石川県30.0％、福井県36.5％が第2次産業に従事していたが、平成27（2015）年にはそれぞれ21.5％、17.8％、21.2％と減少している（図表10）。減少はしているものの、全国的に見れば北陸地方の第2次産業の女性従事者の割合は高い。平成27（2015）年の第2次産業に従事する全国女性の割合は14.6％であり、北陸3県の平均20.2％は全

図表10　北陸3県の女性が従事する産業の推移

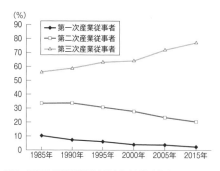

出所：総務省「就業構造基本調査」より筆者作成

図表11　北陸地方女性の主要産業就業割合

		1985年	1990年	1995年	2000年	2005年	2015年
[富山県]	製造業	29.8%	30.2%	27.2%	24.3%	20.5%	18.2%
	卸・小売・飲食	24.2%	24.1%	24.7%	27.1%	26.3%	24.7%
	サービス	24.2%	26.5%	29.3%	31.1%	36.9%	38.6%
[石川県]	製造業	26.8%	26.9%	23.1%	20.3%	17.3%	14.8%
	卸・小売・飲食	25.5%	25.2%	26.0%	26.1%	28.7%	26.7%
	サービス	28.2%	29.9%	33.1%	36.7%	37.4%	37.9%
[福井県]	製造業	33.3%	32.5%	28.3%	25.4%	21.4%	18.0%
	卸・小売・飲食	22.3%	22.9%	24.0%	24.5%	26.5%	25.0%
	サービス	23.0%	25.5%	28.9%	33.0%	35.8%	38.2%

出所：総務省「国勢調査」より筆者作成

図表12　女性の産業別就業構成比

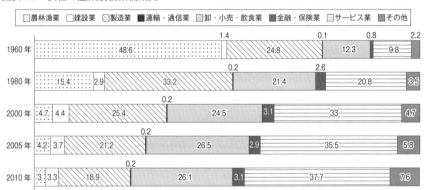

出所：福井県「男女共同参画年次報告書」2015年版より筆者作成

国を5.6ポイントほど上回っている。第1次産業、第2次産業の従事者が減少した分第3次産業の従事者が増加したことになる。

　さらに福井県の女性就業者の産業別構成比の推移を示したものが図表12になる。昭和35（1960）年には約半数の女性が農林漁業に従事していたが、20年後の昭和55（1980）年には製造業の従事者が増加し、さらに20年後の平成12（2000）年にはサービス業の従事者が増加し、今日に至っている変化が分かる。また、図表13は、北陸3県の女性就業の産業別構成比を円グラフにしたものであり、従事する産業の比率が非常に似通っていることから、おそらく福井県と同じような就業産業の変遷が起きたことが推測される。

第3章　北陸地方の女性就業とキャリア形成　41

図表13　全国と北陸3県の産業別女性就業者

全国産業別女性就業構成比（2012年）
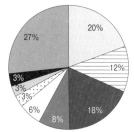

富山県産業別女性就業構成比（2012年）
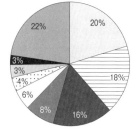

石川県産業別女性就業構成比（2012年）

福井県産業別女性就業構成比（2012年）
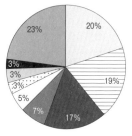

出所：総務省「就業構造基本調査」2012年より筆者作成

図表14　北陸地方女性の主要職業別就業割合

		1985年	1990年	1995年	2000年	2005年	2015年
[富山県]	専門的・技術的職業	10.3 %	11.4 %	12.6 %	14.2 %	15.6 %	17.7 %
	事務従事者	23.6 %	26.1 %	27.2 %	27.9 %	27.1 %	25.8 %
	販売従事者	12.2 %	11.8 %	12.3 %	12.1 %	12.0 %	11.6 %
	生産工程・労務作業者	32.5 %	32.6 %	29.7 %	27.9 %	25.3 %	21.4 %
[石川県]	専門的・技術的職業	10.9 %	11.7 %	13.2 %	14.7 %	15.8 %	16.3 %
	事務従事者	23.7 %	25.9 %	27.1 %	28.1 %	27.7 %	24.5 %
	販売従事者	12.5 %	12.2 %	12.9 %	12.7 %	12.5 %	13.0 %
	生産工程・労務作業者	30.1 %	30.1 %	26.9 %	24.9 %	22.6 %	19.7 %
[福井県]	専門的・技術的職業	9.4 %	10.3 %	12.0 %	13.6 %	15.1 %	17.7 %
	事務従事者	21.9 %	24.5 %	26.1 %	27.2 %	26.8 %	25.9 %
	販売従事者	10.9 %	11.0 %	11.3 %	11.1 %	11.1 %	11.0 %
	生産工程・労務作業者	34.8 %	34.1 %	30.8 %	29.2 %	26.3 %	21.6 %

出所：総務省「国勢調査」より筆者作成

（5）北陸女性の従事する職業

　女性の従事する職業にはどのような変化が見られるであろうか。図表14は「国勢調査」より北陸3県の女性が従事している割合の多い職業を抽出したものである。昭和60（1985）年から平成12（2000）年にかけて一番多い割合を占めるものは「生産工程・労務作業者」である。平成12（2000）年以降減少は見られるが、平成27（2015）年においても全国の「生産工程・労務作業」女性従事者が16.2％に対して富山県21.4％、石川県19.7％、福井県21.6％と高い割合を示している。これは産業別にみた場合の製造業の従事者割合が高いことと合致する。

　平成17（2005）年から平成27（2015）年にかけて3県とも「生産工程・労務作業者」の割合は減少する。女性の職業として3県ともに毎年増加しているのは「専門的・技術的職業」であり、教員、研究者、看護師、介護士などがこれらの職業として分類されている。「専門的・技術的職業」の全国平均は16.8％（平成27〔2015〕年）であり、富山県17.7％、石川県16.3％、福井県17.7％と3県ともほぼ平均的な割合である。「事務従事者」「販売従事者」はこの25年、比率的には20％台半ば、10％台前半と一定割合を保持している。「事務従事者」は東京、大阪といった都市部では30％以上と高いが、北陸地域では全国平均の26.1％（平成27〔2015〕年）をやや下回る程度である。「販売従事者」も全国の12.8％（同）とほぼ同じ割合である。

　北陸3県で見ると、石川県は製造業、「生産工程・労務作業」に従事する女性割合が一番少なく、「販売従事者」の割合は一番高くなっている。金沢という都市を持つことが影響していると考えられる。

4．北陸地方の女性活用状況

（1）女性の管理職登用

　このように女性の就業率、労働力率が高い北陸3県であるが就業比率が高いということは、女性が職場の中で活躍していることを必ずしも意味しない。安倍内閣は女性の管理職比率を3割にするという目標を掲げ、女性の能力を活用することを謳っている。女性の活用を管理職への登用という尺度で考える場合、企業や団体の管理職従事者に占める女性の比率を測る場合と、女性の就業者の

中で管理職に就いている比率を測る場合がある。

　図表15は、総務省の「就業構造基本調査」（平成24〔2012〕年）による管理職（課長職以上）に占める女性の割合である。残念ながら北陸3県の管理職従事者の比率は全国の13.2％に比べ富山県11.0％（全国36位）、福井県9.7％（同42位）、石川県7.9％（同43位）と就業率の高さを考えると極めて低い状況にある。国勢調査では従業上の地位として「管理的職業従事者」（管理的公務員、法人・団体の役員、その他の管理的職業従事者）を分類している。女性の管理的職業従事者は平成2（1990）年から平成27（2015）年の25年で徐々に増加しているが、全国から見ると下回っており（図表16）、北陸3県において女性の活用が進んでいるとは言いがたいであろう。

　管理的職業従事者が少ないということは、女性が仕事の中核部分にあまり関わっていないということが考えられる。平成27（2015）年に内閣府男女共同参画局が実施した「地域における女性の活躍に関する意識調査」の中に「女性を積極的に企業の管理職、団体の役職者などに登用すべきだ」という考え方に意見を問う質問がある。全国の女性は、「そう思う」16.2％、「ややそう思う」56.7％（計72.9％）と答えているが、富山県は15.2％、61.2％（計76.4％）、石川県は13.5％、55.0％（計68.5％）、福井県は13.5％、52.6％（計66.1％）が賛成しているにとどまっている。石川県、福井県の女性は管理職の登用について消極的な傾向が見受けられる。男性の意識はどうか。女性の管理職登用に「そう思う」「ややそう思う」と答えた割合は全国では59.2％に留まり、女性の回答

図表15　管理職に占める女性の割合

	全　国	富山県	石川県	福井県
管理職比率	13.2％	11.0％（全国36位）	7.9％（同43位）	9.7％（同42位）

出所：総務省「就業構造基本調査」（2012年）より筆者作成

図表16　女性就業者に占める管理的職業従事者の割合

	1990年	1995年	2000年	2005年	2010年	2015年
全　国	9.25％	9.83％	11.18％	11.92％	13.98％	16.41％
富山県	6.64％	7.58％	8.73％	7.10％	11.25％	12.23％
石川県	7.66％	8.49％	9.22％	9.83％	12.76％	8.51％
福井県	7.51％	8.25％	8.89％	9.38％	11.73％	13.64％

出所：総務省「国勢調査」より筆者作成

よりも低い。同様に富山県の男性では55.2％、石川県の男性は51.4％と全国より低いが、福井県男性は67.4％と高くなっている。

女性の管理職比率が少ない理由について、福井県企業の調査によれば「家事・育児の負担が大きく責任ある地位を女性が回避するため」(64.8％)「企業における女性の育成不足」(48.1％) と答えている割合が高い (福井県立大学地域経済研究所調査：平成16〔2004〕年、有効回答数・福井県内企業357社)。雇用者側も働く女性も家事・育児の負担を重く見て管理職への登用、昇進に積極性が欠けている状況が浮かぶ。

(2) 女性の賃金と男女格差

女性の就業についてもう一つの課題が給与収入における男女の格差の存在である。北陸3県における男女の給与格差はどの程度存在するのか。厚生労働省の「賃金構造基本統計調査」[注ii]から、一般労働者 (常用労働者のうち短時間労働者以外の者) の所定内給与額の推移を男女で比較してみる (図表17)。賃金構造基本統計調査では所定内給与額は決まって支給する現金給与額から超過労働給与額を除いた額としている。

図表17に見られるように北陸3県の女性労働者の所定内給与は、昭和60 (1985) 年から平成27 (2015) 年の30年でほぼ上昇している。北陸3県の平均で考えると、男性給与を100とした場合の男女格差は昭和60 (1985) 年には60％

(注ii) 厚生労働省が、主要産業に雇用される労働者について雇用形態、就業形態、性、年齢、勤続年数などといった労働者の属性別に見た我が国の賃金の実態を明らかにするために毎年実施している調査である。

図表17　北陸3県の男女所定内給与額と男女格差

(千円)		1985年	1990年	1995年	2000年	2005年	2010年	2015年
富山県	(女性)	135.1(59.7%)	164.5(60.2%)	190.8(61.9%)	203.1(65.4%)	207.3(68.1%)	211.9(71.7%)	220.9(74.8%)
	(男性)	226.3	273.3	308.4	310.4	304.3	295.5	295.5
石川県	(女性)	135.7(58.5%)	168.9(63.1%)	190.4(62.2%)	206.0(66.1%)	203.5(65.0%)	212.7(71.6%)	223.5(73.4%)
	(男性)	231.8	267.6	306.2	311.5	313.1	297.2	304.6
福井県	(女性)	134.7(59.9%)	163.8(60.9%)	189.6(61.4%)	203.0(64.8%)	199.4(65.0%)	205.6(67.7%)	223.0(74.8%)
	(男性)	225.0	269.1	308.9	313.4	306.7	303.5	298.1

出所：厚生労働省「賃金構造基本統計調査」より筆者作成

弱であったが、平成12（2000）年には65％前後、平成27（2015）年には74％程度と差は縮小している。平成27（2015）年における全国の所定内給与男女間格差は74.4％であるから、全国と男女格差においての差はないと言えるであろう。しかしながら給与水準に全国との差が存在し、全国の同年の女性の所定内給与は26万2000円、男性の給与は34万9000円であるのに対し、北陸3県の平均は女性が22万2500円と全国の85.6％、男性の所定内給与は全国の34万9000円に対し北陸3県の平均は29万9400円と85.8％になり給与における地域格差は存在する。

　男女の給与格差は初任給の時点で既に存在する。平成27（2015）年の北陸3県の女性大卒の初任給平均は18万5300円であり、男性の大卒平均19万6400円に比べ94.3％になる（図表18）。高卒においても男性の16万3500円に対し女性は15万4400円と94.4％である（同）。男女雇用機会均等法の制定後、同一職種同一賃金が基本である。この男女の賃金格差は、総合職、地域限定職といった職種の違いや賃金水準の高い職種に就職する男性の割合が高いことから生じるのであろう。

5．北陸女性の就労に対する意識
（1）「男は仕事・女は家庭」に対する考え方

　北陸地域の女性は就労に対してどのような意識を持っているのか。内閣府は男女共同参画社会の推進の意味で「男女共同参画社会に関する世論調査」を実施している。この調査の質問項目の一つである「『男は仕事、女は家庭』という考え方に賛成する」（賛成、どちらかというと賛成）と答えた女性は、全国の調査では平成22（2010）年の41.3％から平成28（2016）年は37.0％に3.7ポイント減少している。男性の場合は、平成22（2010）年の45.9％から平成28

図表18　北陸3県の学歴別、男女別初任給額

（千円）	全　　国	富山県	石川県	福井県
大卒初任給	女性 198.8 男性 204.5	女性 186.3 男性 197.1	女性 186.8 男性 197.5	女性 182.7 男性 194.6
高卒初任給	女性 156.2 男性 163.4	女性 156.9 男性 164.9	女性 155.7 男性 164.2	女性 150.6 男性 161.3

出所：厚生労働省「賃金構造基本統計調査」2015年より筆者作成

（2016）年では44.7％が賛成、どちらかと言えば賛成と答えており男性の方が「女性は家庭」という意識に変化が少ない。平成4（1992）年、25年前の同調査では55.6％の女性、65.7％の男性が「女性は家庭」という考え方に賛成、どちらかと言えば賛成と答えており、女性に対し就業面での能力発揮があまり求められていない様子がうかがえる（平成27〔2015〕年版『男女共同参画白書』より）。男女共同参画社会の意識は浸透してきているとはいえ、平成28（2016）年においても女性では3割以上、男性では4割以上が「女性は家庭」という考え方を持っていることになる。

　北陸地方ではどうであろうか。図表19に見られるように「男は仕事、女は家庭」という考え方に賛成する比率は、全国よりは低い。富山県の女性では「賛成」「どちらかと言えば賛成」は23.4％、石川県の女性が21.1％、福井県の女性が27.9％である。全国の37.0％と比較するとかなり少ない。平成22（2010）年においては男女別に集計している石川県のみのデータであるが「男は仕事、女は家庭」という考え方に賛成する比率は29.4％であり、共働きの多い地域のためか、6年前においても全国の女性に比べ「女性は家庭」という意識は低いことがわかる。

（2）管理職昇進に対する意識

　北陸地域の女性は、就業率は高いが管理職の比率は全国の下位になるという特徴が見られた。女性は昇進についてどのような考え方を持っているのか。日

図表19　北陸3県女性の「男は仕事、女は家庭」についての考え方

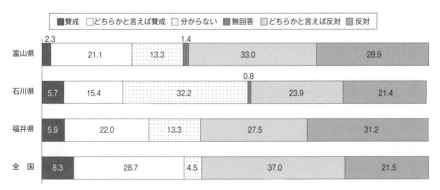

出所：富山県、石川県、福井県「男女共同参画推進状況報告書（平成28年版）」より筆者作成

本生産性本部では毎年新入社員に「働くことの意識調査」を実施している。その中で「どのポストまで昇進したいか」という質問に対し女性新入社員は、社長まで2.8％（男性15.9％）、取締役7.6％（同19.8％）、部長6.6％（同24.1％）、課長9.1％（同9.1％）、係長3.6％、主任18.1％、専門職22.3％、役職に就きたくない11.7％と回答している（平成28〔2016〕年実施、女性新入社員497人）。新入社員時においても昇進についての考え方に男女差はかなり存在する。富山労働局が平成23（2011）年に就職活動中の大学生に実施した調査では社長まで9.1％（男性24.0％）、取締役32.9％（同38.7％）、部長28.7％、課長19.6％となり日本生産性本部の全国調査の場合、高校卒等の新入社員も含まれていることから単純に比較はできないが、富山県の女子学生は比較的に昇進意欲が高いと思われる（有効回答：富山県内女子学生143人）。また同調査で「昇進を望まない理由」として「責任が重くなると家庭や個人の生活との両立が難しいから」が第2位になっていることも注目される。

　管理的部門等への女性の登用が少ない理由について、富山県では男性女性共に「男性中心の職場慣行の存在」（女性45.9％、男性46.1％）が第1位であり、「男性優先の意識や女性管理職に対する不安感の存在」（女性43.4％、男性39.3％）が第2位、「女性自身が管理職に就くことに消極的だから」（女性24.0％、男性24.0％）が第3位となっている（富山県男女共同参画社会に対する意識調査：平成27〔2015〕年）。

　石川県の男女共同参画意識調査では、女性が管理職に昇進することについて賛成するかどうかを尋ねている。「賛成である」（女性54.1％、男性47.5％）、「やや賛成」（女性20.3％、男性17.1％）は「賛成しない」を上回っている。特に20代の女性は71.4％が「賛成」としており若い女性の昇進意識の高さがうかがえる。

　女性が管理職に昇進することを望まない理由として福井県の女性の調査では「仕事と家庭の両立が困難だから」（35.7％）、「自分の能力に自信がないから」（29.5％）、「責任が重くなるのが嫌だから」（19.0％）の順で回答割合が高くなっている（福井県男女共同参画社会に対する意識調査：平成27〔2015〕年）。

　男女共同参画に関する意識調査は各都道府県で実施されているが、その内容や質問項目は実施主体に委ねられている。一律に比較はしにくいが女性が働く

ことについて容認する意識が高いものの、管理職への昇進となると「男性中心の職場慣行の存在」や「仕事と家庭の両立への危惧」など女性の活用が進まない北陸地域の背景が浮かんでくる。

6. まとめ

　北陸3県は各県とも女性の労働力率が全国上位を保ち、正規雇用者としての就業比率が高く、勤続年数も長いという特徴がある。日本女性の就業はM型と言われ結婚出産時期の20代後半から30代にかけて離職することで、労働力率が低下するが、北陸3県の場合あまり低下がない。その背景には、共働き率の高さ、3世代同居率の高さ、地域における保育所等の充実が挙げられる。その一方で女性の管理職比率、管理的業務に従事する比率は全国的に低位な状況にある。その理由の一つとしては北陸地域の産業構造が考えられる。北陸地域はもともと製造業の盛んな地域であり、製造業の女性従事者、生産工程・労務作業者の従事者は減少してきているとはいえ、全国に比べ高い比率になる。製造業のように技術系の大卒者の採用が多く女性の能力・資質が発揮しにくい業種、職種の就業者が多いことも、女性の管理職比率が低いことの一因であると言えよう。

　もう一つの理由は、北陸地域の男性、女性の意識であろう。管理的部門等への女性の登用が少ない理由について、富山県では男性女性共に「男性中心の職場慣行の存在」（女性45.9％、男性46.1％）が第1位である。福井県の女性の調査では管理職に昇進することを望まない理由として「仕事と家庭の両立が困難だから」（35.7％）が挙がっている。福井県企業の調査によれば、企業・就業者共に「家事・育児の負担が大きく責任ある地位を女性が回避するため」と考えているとの結果も出ている。確かに女性の方が家事育児の負担が大きいという現状はあるにせよ、家事・育児と両立した働き方を進める中での女性の活用を推進することが、本来の女性の能力発揮につながるのではないだろうか。

　男女雇用機会均等法では、過去の雇用慣行や性別役割分担意識などが原因で男女労働者の間に事実上生じている格差の解消を目的として、企業が自主的かつ積極的に行う取り組み（ポジティブ・アクション）の導入が推奨されている。その内容は女性の採用拡大や職域拡大、女性管理職の増加、勤続年数の伸長、職

場環境・風土改善などになる。また、厚生労働省は女性活躍推進法に関する取り組みの実施状況が優良な企業を認定し、認定マーク「えるぼし」を付与している。女性活躍の実績は①採用、②継続就業、③労働時間等の働き方、④管理職比率、⑤多様なキャリアコースの5項目で測られるが、全国の認定企業92社（平成28〔2016〕年度）の中で北陸地方の企業は、富山県5社、石川県2社、福井県3社のみである。女性の活躍推進の体制整備がまだ遅れているのが実情ではないだろうか。

　今後の北陸地域の女性の活躍を推進するために、女性が主体的に仕事に取り組む意識を醸成するとともに、企業がポジティブアクション等を積極的に導入し、家事・育児への配慮も踏まえた上で女性がより活躍できるような体制整備を望みたい。

第4章
社会資本整備の50年 〜フローとストックの変遷〜

福井県立大学　桑原　美香

1. はじめに

　昭和56（1981）年、アメリカで『America in Ruins（邦題：荒廃するアメリカ）』という書籍が著された。緊縮財政の下で社会資本等の維持補修が先送りされたため、ニューディール政策から40年が経った1970年代に橋や道路の老朽化が進んでいるという内容であった。その後、財源確保のための増税と積極的な維持補修、更新が進められたというが、平成19（2007）年にはミネソタ州で高速道路の橋が崩落し、社会資本の老朽化への対策が十分でないことが浮き彫りとなった。

　日本では、昭和62（1987）年に日本計画行政学会が、平成11（1999）年には大阪自治体問題研究所が老朽化問題を取り上げている。東京都では平成10（1998）年に維持更新需要額の推計がなされており、大阪府、新潟県、横浜市など先駆的な自治体でも、既に維持更新額のシミュレーションが進められていた。しかし当時、大半の自治体では社会資本等の老朽化に対する危機感はなく、むしろ維持補修費を削ってでも新規事業を進めている自治体さえあった。そのような中、平成24（2012）年に高速道路のトンネル内天井板が落下した。平成23（2011）年の東日本大震災の影響もあり、政府は平成26（2014）年に国土強靭化基本計画を出した。大規模自然災害やテロへの対策、東京オリンピック・パラリンピック、人口減少や財政難なども考慮して、戦略的かつ効率的に社会資本の整備、維持補修、更新を行うよう記されている。同年、各自治体には「公共施設等総合管理計画」を策定するよう要請があり、ようやく自治体でも社会資本を含めた公共施設のマネジメントについて動き出した。

　本稿では、こうした現状に至るまでの半世紀を振り返るにあたり、社会資本

の整備状況に焦点を絞りデータに基づいた整理を行う。

2. フロー面からみた社会資本整備

　図表1は公共投資への依存度合いを地域別に示した時系列グラフである。昭和30～40（1955～65）年にかけては、北陸3県の公共投資依存度が高く、東海や南関東、関西の依存度との開きが見られる。1970年代後半から1980年代前半にかけては、東北6県の依存度が高いことが示される。1990年代後半から平成22（2010）年にかけて、北陸、東北6県、四国4県の依存度は同水準で下がり基調にあった。しかし平成23（2011）年の東日本大震災以降、東北6県の公共投資依存度は急激に上がり、四国4県、北陸3県の依存度も徐々に上がり基調にある。

　この図と連動させて、昭和35（1960）年以降に北陸や世界で起こったできごとをまとめたものが図表2である。昭和39（1964）年に東京オリンピックが開催されるにあたり、東海道新幹線をはじめ、高速道路や空港整備などの社会資本整備が進められた。高度経済成長に伴い不足気味であった都市部などへの電

図表1　地域別公共投資依存の推移

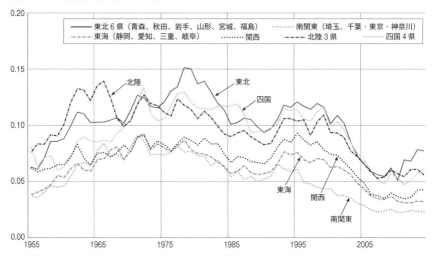

（注）　実質県内総支出に占める公的固定資本形成の割合。『県民経済計算』各年度版より作成。
　　　ただし、1955～1974年は68SNA、昭和55年基準、1975～1989年は68SNA、平成2年基準、1990～1995年は93SNA、平成7年基準、1996～2000年は93SNA、平成12年基準、2001～2014年は93SNA、平成17年基準で作成されたものを単純に接続している。

力安定供給を目的とし、北陸地方では、黒部ダム、九頭龍ダムが完成し、原子力発電所建設なども進められるようになった。また、昭和43（1968）年に福井県で国民体育大会が行われたことなども公共投資依存度が上がったことと関係すると考えられる。

　昭和44（1969）年には、佐藤内閣のもとで新全国総合開発計画（新全総）が策定された。新しい生活中心の価値観に対応する「よりよい社会環境の形成」を図るため、大規模開発プロジェクトが進められた。情報通信網整備や空港網整備、高速幹線鉄道網、幹線高速道路網等の整備をはじめとして、農業、工業、観光などの流通基地整備、農漁村や大都市の環境保全なども謳われた。昭和47（1972）年には田中角栄氏による著作『日本列島改造論』と、その政策構想が発表され、都市部の過密と農山村部の過疎・貧困問題の同時解決が示された。いざなぎ景気で公共投資依存度を下げつつあった北陸であるが、列島改造ブームの中で依存度も再び上がっている。しかし、そうした社会資本整備のために発行された国債額は2兆円を超え、物価や地価が上昇した。その最中に起こったオイルショックを契機に、財政緊縮政策へと転換される。

図表2　1960年以降の北陸と世界の主なできごと

	1965年（昭和40年）	1975年（昭和50年）	1985年（昭和60年）	1995年（平成7年）	2005年（平成17年）	2015年（平成27年）
北陸	三八豪雪、黒部ダム完成／福井国体／原子力発電所建設	干ばつ／五六豪雪／五九豪雪	北陸自動車道全線開通／石川国体／能登半島沖地震、冷害	豪雪、台風／富山国体／福井豪雨、台風	能登半島地震／舞鶴若狭自動車道開通	北陸新幹線金沢開業／福井国体
主なできごと	東京オリンピック、東海道新幹線開業	大阪万博／オイルショック／ベトナム戦争終結	オイルショック（円高ドル安）／東西冷戦終結／湾岸戦争	アメリカ同時多発テロ／イラク戦争	世界金融危機（サブプライムローン問題〜リーマンショック）／東日本大震災／アベノミクス	東京オリンピック
景気	五輪景気／いざなぎ景気／列島改造ブーム	ハイテク景気	バブル景気	カンフル景気	いざなみ景気（実感なき景気）	いざなぎ景気超え
開発計画等	全国総合開発計画／新全総	三全総	四全総	21世紀の国土のグランドデザイン	国土形成計画	

昭和52（1977）年に出された第三次全国総合開発計画（三全総）は、地方振興と過疎過密問題解決が掲げられ、定住構想が示された。高学歴化や産業構造の変化に伴う地方部の定住人口・労働力人口の流出に関して綿密な推計がなされており、そうした前提人口のもとでの自然環境保護や住環境整備、産業・エネルギー転換についても言及されていた。続いて昭和62（1987）年には中曽根内閣による第四次全国総合開発計画（四全総）が出される。多極分散型国土をキーワードとし、個性豊かな地域づくりが推進された。とりわけ北陸地方に関しては、先導的な工業地域や先進的な農業地域としての強みを活かしながら、三大都市圏への近接性を利用すべきことが書かれている。さらに、金沢大学の統合移転による学術高次都市機能の集積や、富山テクノポリスの整備を進めること、能登半島の自然を生かした観光開発を行うことなどが記されている。これら一連の計画に対し、新全総では20年間で約170兆円、三全総では15年間で約370兆円、四全総では15年間で官民併せて1000兆円あまりの投資が予定されていた。

　さらにバブル崩壊後は、総合経済対策や緊急経済対策等が毎年10兆円を超える規模でなされ、平成12（2000）年までに120兆円を超えた。また、平成6（1994）年に出された公共投資基本計画では、総人口がピークを迎える平成12（2000）年までの社会資本整備を企図して、10年間で630兆円の投資が予定された。実際、平成14（2002）年からは、実感のない景気と言われる「いざなみ景気」が続き公共投資依存も下がるが、平成19（2007）年からの世界金融危機で日本の経済も打撃を受ける。その間、北陸では福井豪雨や能登半島地震、東北では平成23（2011）年に東日本大震災が起こり、応じて公共投資依存度も上昇傾向にある。平成17（2005）年からは総合開発計画に代わり国土形成計画が示されているが、直近の北陸圏広域地方計画では、日本海と太平洋の2面を活用した国土の"要"として位置付けられている。具体的には、太平洋地域での災害時の代替機能強化や、アジア・ユーラシアに向けた国際物流網の充実、黒部・立山から若狭湾まで続く歴史・文化遺産、自然景観、食文化を国内外誘致に結び付けるための移動・交通手段の整備が記されている。

　図表3は、一人当たり社会資本整備額のランキングを都道府県別に並べたものである。昭和35～平成27（1960～2015）年まで、それぞれ5年平均値で比較

図表3　一人当たり社会資本フロー額都道府県ランキングの推移（5年平均値）　　　（単位：円）

	1960-	1965-	1970-	1975-	1980-	1985-	1990-	1995-	2000-	2005-	2010-
1	福井	福井	北海道	北海道	北海道	北海道	福井	島根	島根	島根	岩手
2	東京	東京	広島	沖縄	島根	福井	島根	北海道	高知	福井	島根
3	北海道	北海道	福井	高知	沖縄	沖縄	長野	秋田	鳥取	鳥取	宮城
4	新潟	大阪	徳島	福井	秋田	島根	北海道	高知	北海道	北海道	和歌山
5	島根	新潟	山口	島根	高知	長野	高知	長野	秋田	新潟	高知
6	石川	徳島	東京	岩手	鳥取	高知	秋田	福井	石川	秋田	富山
7	徳島	富山	石川	新潟	新潟	鳥取	鹿児島	岩手	岩手	高知	北海道
8	大阪	神奈川	島根	鳥取	山梨	秋田	鳥取	島根	福井	青森	石川
9	岩手	岩手	岡山	青森	長野	香川	沖縄	新潟	山梨	徳島	徳島
10	神奈川	石川	鳥取	宮崎	青森	佐賀	宮崎	山形	徳島	和歌山	福島
11	山形	山梨	山梨	宮城	福井	山形	山梨	山梨	青森	山梨	鳥取
12	和歌山	静岡	岩手	秋田	岩手	大分	富山	和歌山	沖縄	新潟
13	長野	愛知	和歌山	山梨	宮崎	新潟	岩手	和歌山	新潟	石川	福井
14	奈良	和歌山	佐賀	茨城	佐賀	山形	新潟	石川	岐阜	岩手	山梨
15	山梨	鳥取	千葉	鹿児島	香川	宮崎	長野	鹿児島	富山	富山	鹿児島
16	富山	島根	兵庫	石川	山形	鹿児島	佐賀	兵庫	長崎	鹿児島	佐賀
17	愛知	岡山	新潟	山形	石川	山梨	山形	佐賀	山形	佐賀	沖縄
18	滋賀	大分	大分	長野	宮城	長崎	富山	大分	佐賀	宮崎	秋田
19	広島	滋賀	宮崎	徳島	鹿児島	富山	石川	徳島	大分	大分	青森
20	鳥取	広島	三重	佐賀	富山	宮城	和歌山	青森	愛媛	岐阜	宮崎
21	山口	青森	高知	山口	山口	徳島	徳島	長崎	滋賀	山形	山形
22	福島	長野	富山	大分	徳島	大分	熊本	宮崎	長野	長崎	茨城
23	岐阜	奈良	宮城	広島	大分	福島	岡山	愛媛	岡山	茨城	大分
24	秋田	兵庫	長野	東京	福島	熊本	広島	岐阜	鹿児島	三重	長崎
25	宮崎	山形	岐阜	富山	和歌山	青森	滋賀	福島	三重	山口	熊本
Max	119,499	153,609	221,742	327,555	374,145	359,115	438,408	583,370	523,983	348,053	347,789
Min	25,173	54,133	102,194	143,230	153,364	133,957	173,201	155,326	117,190	89,401	89,958
Ave	56,167	90,644	157,823	222,242	238,610	234,041	310,814	342,142	269,631	184,862	187,879
SD	17,463	20,361	28,805	49,218	52,617	54,578	66,28	92,697	82,874	55,229	64,471
CV	0.31	0.22	0.18	0.22	0.22	0.23	0.21	0.27	0.31	0.30	0.35

（注）　一人当たり公的固定資本形成の5年平均値。『県民経済計算』、『国政調査』各年度版より作成。

している。1960年代は福井県の社会資本整備額が最も多く、東京、北海道と続いている。昭和55〜60（1980〜85）年を除き、平成2（1990）年まで福井県の社会資本整備額は比較的上位にある。平成12（2000）年以降は、石川県や富山県の額が高い年度もある。表の下にまとめているが、全国の社会資本整備額の平均（Ave.）は昭和35（1960）年には5万6000円であったが、平成7（1995）年には34万2000円と6倍の規模になっている。また、社会資本整備額の都道府県間のばらつきを示したものが変動係数（CV）であるが、昭和35（1960）年には0.31と比較的ばらつきがあった。前掲図表1でも感覚的に掴めるが、昭和45（1970）年には0.18まで下がっており、ばらつきが小さくなっていることが分かる。その後わずかずつ数値が上がり平成22（2010）年には再び0.35となっており、都道府県間で社会資本整備額に差があることが示される。

図表4は公共投資と民間投資の比率を昭和45〜平成28（1970〜2016）年まで記したものである。表を挟んで上側のグラフが全国、下側のグラフが北陸3県である。全国では、すべての年を通じて民間投資割合が高いが、北陸3県では昭和56〜57（1981〜82）年、平成9〜17（1997〜2005）年、平成21〜26（2009〜14）年は公共投資の割合が高いことが分かる。とりわけ平成10〜14（1998〜2002）年にかけての割合が高い。公共、民間を足した投資額最大年にも違いが見られ、全国では平成3（1991）年であるのに対し、北陸3県では平成5〜8（1993〜96）年にかけて最大となっている。ただし、全国の投資構成は民間の割合が高いのに対し、北陸の投資額最大年は公共の割合が高いことから政府の景気浮揚策によるものであったことが推察される。

このうち公共投資のみを取り出し、土木事業費と建築事業費の比率を全国と北陸3県で比較したものが図表5である。いずれも土木事業費が多いが、北陸3県は全国と比べて建築事業費の割合が若干小さいことが分かる。さらに、この土木事業費のみを取り出し、その内訳を全国と北陸3県で比較したものが図表6である。左側のグラフが全国、右側のグラフが北陸3県であり、上側のグラフは積み上げグラフ、下側は100%積み上げグラフで示した。北陸3県は、全国と比べると治山治水にかけられている事業費比率が一貫して高い。農林水産事業費の比率も全国に比べると高いが、20%以上を占めていた1970年代と比べると、近年は10%強の年度もある。全国では道路事業費の割合が一貫して高く、

図表4　公共投資と民間投資の比率の推移（全国、北陸）

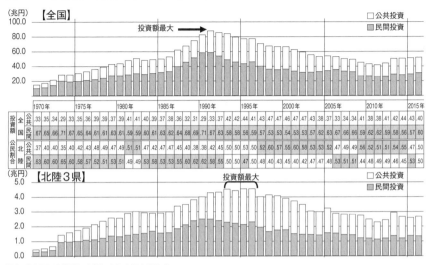

(注)『建設総合統計年度報』各年度版より作成。

図表5　公共事業の土木・建築比率の推移

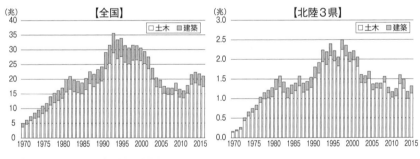

(注)『建設総合統計年度報』各年度版より作成。

1970年代には40％、平成28（2016）年度は50％を超している。それに比べれば北陸3県の道路事業費比率は高くないが、道路事業費はすべての年度で最も高い割合となっている。北陸3県の下水道・公園事業費比率は、1970年代にはかなり小さかったが1980年代後半からは20％前後で推移している。

第4章　社会資本整備の50年 〜フローとストックの変遷〜　57

図表6　公共事業の土木内訳の推移

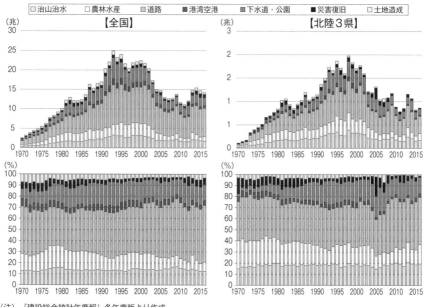

(注)『建設総合統計年度報』各年度版より作成。

3. ストック面からみた社会資本整備

　前節では、社会資本整備の50年を投資額ベース（フロー）で捉えたが、本節ではストック面に着目してその推移を示す。なお、ここでいうフロー額とは毎年の公共投資額であるのに対し、ストック額は毎年の投資額を積み上げたうえで耐用年数に達したものを除却して求めたものである。

　図表7は一人当たり社会資本ストックを横軸に、縦軸に5年前と比較した人口増減率をとった、昭和35〜平成21（1960〜2009）年までの10年ごとの散布図である。北陸3県の人口増減や社会資本ストック額は、この50年で比較的似た傾向を示している。全国的には、昭和45（1970）年までは人口増減のばらつきが大きく過密と過疎の傾向が見て取れるが、ストック額のばらつきは大きくない。昭和55（1980）年以降、関東など都市部と北陸3県や北海道などとでストック額にばらつきがみられる。平成12（2000）年、平成21（2009）年は人口増減のばらつきがあまり見られなくなった一方で、ストック額のばらつきがかなり大きくなっている。各散布図の右上に示した平均や変動係数は社会資本ス

トック額の値を示したものであるが、昭和35（1960）年には0.17であったものが、平成21（2009）年には0.28と大きくなっており、例えば島根県と埼玉県とでは、一人当たり社会資本ストックの額が3倍以上違うことから、その差が見て取れる。

　しかしこれは、単純な社会資本整備の充実度とはいえない。物量ベースでは充実しているかもしれないが、老朽度合と更新などを勘案した実質ベースで測りなおす必要がある。図表8は、人口規模別に財政状況と各社会資本等の老朽度合を示した総務省の調査である。整備後30年以上経過している公共施設の

図表7　一人当たり社会資本ストックと人口増減率の推移　　　　　　（単位：1,000円／人）

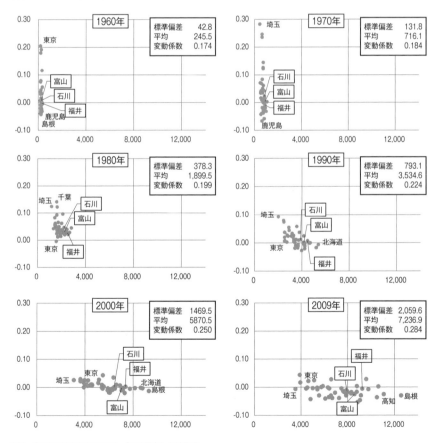

（注）『日本の社会資本2012』、『国政調査』より作成。

第4章　社会資本整備の50年　〜フローとストックの変遷〜　　59

図表8　人口規模別社会資本等の老朽度合と財政状況

人口区分	財政力指数	普通建設事業費(i)/人	維持補修費(ii)/人	(i)+(ii)/人	(i)+(ii)/歳出総額	将来負担比率	公共施設	橋梁	上水道管	上水道施設	下水道管	下水道施設
全国平均	0.87	53.81	5.74	59.56	14.6	128	43.1	13.2	33.7	45.3	9.7	7.7
25万人以上	0.85	40.57	3.21	43.78	14.0	24.7	50.6	6.4	30.4	47.1	6.8	5.1
5〜10万人	0.72	55.53	4.53	60.06	15.0	101.0	32.6	24.1	46.5	36.0	12.7	1.2
3万人未満	0.54	72.76	4.51	77.28	16.0	133.4	32.4	7.6	30.5	34.1	12.4	2.9
1万人未満	0.47	83.25	5.71	88.97	18.0	88.8	34.6	12.1	43.9	24.2	0.0	0.0

（注1）公共施設と上下水道施設は築30年以上経過した割合（延床面積）、橋りょうは整備後50年以上経過した割合、上水道管は整備後30年以上経過した割合、下水道管は整備後40年経過した割合。
（注2）総務省『公共施設及びインフラ資産の将来の更新費用の比較分析に関する調査結果』（2012）より転載。調査協力111団体の状況を示したもの。

図表9　これまでに整備した社会資本の今後の維持更新必要額

		公共施設	道路	橋りょう	上水道管	下水道管	総合計
人口1人当たりの将来の1年当たりの更新費用の見込み額（千円/人）	全国平均	32.91	9.98	1.93	10.74	9.91	63.95
	中央値	36.57	17.87	3.10	15.36	8.31	85.56
現在の既存更新額に対する将来の1年当たりの更新費用の割合（％）	全国平均	243.6	194.5	507.3	363.4	283.1	417.9
	中央値	361.5	414.1	1130.9	521.1	1073.1	417.9
現在の投資額に対する将来の1年当たりの更新費用の割合（％）	全国平均	107.3	94.5	286.4	230.0	83.9	113.1
	中央値	152.1	175.9	381.0	326.9	71.8	152.7

⇒ 国の社会資本2011〜2060（50年間）必要更新額190兆円

（注1）社会資本整備審議会・交通政策審議会技術分科会技術部会「社会資本メンテナンス戦略小委員会」（2012・8/29）資料より。（推計対象施設：道路、治水、下水道、港湾、公営住宅、公園、海岸、空港、航路標識、官庁施設）
（注2）総務省『公共施設及びインフラ資産の将来の更新費用の比較分析に関する調査結果』（2012）より転載。調査協力111団体の状況を示したもの。

割合は、人口25万人以上の自治体では50.6％、10万人以下の自治体ではすべて30％超である。整備後50年以上経過している橋梁の割合は、人口25万人以上の自治体で6.4％、5〜10万人の自治体では24.1％である。整備後30年以上が経過する上水道管は人口25万人以上の自治体では30.4％、5〜10万人の自治体では46.5％である。一方で、それぞれの財政状況をみると、人口25万人以上の自治体では財政力指数0.85と自主財源の割合が高いのに対して、1万人未満の自治体は0.47である。一人当たり普通建設事業費は、人口25万人以上の自治体は4万円程度であるのに対し、人口1万人未満の自治体は8万円超である。その結果、各自治体の一般財源の規模に占める将来負担額の比率は、人口25万人の自治体が24.7％であるのに対し、5〜10万人の自治体は101％、3万人未満が133.4％、1万人未満は88％となっている。財政制約がさらに厳しくなる中、同時に社会資本の老朽化も進み、規模の小さい自治体の負担はますます重くなる。

具体的に、将来の更新必要額を人口一人当たりで示したものが図表9である。中央値で説明すると、今後更新のために1人が1年に負担すべき費用は、公共施設が3万6000円、道路が1万7000円、橋梁は3000円、上水道管は1万5000円、下水道管は8000円、合計8万5000円である。ただし、この推計値は現在の人口で単純に割ったものであり、人口が現在の7割になったとすると12万2000円の負担となる。現在の3倍から10倍の更新額が必要となる計算で、今後50年間で必要な更新額は190兆円と見積もられている。

　こうした状況に鑑み、平成26（2014）年、国は各自治体に、「公共施設等総合管理計画」を策定し公共施設を物量ベース・質ベースで計測することを要請した。また、更新費用資産ソフトを用いて維持管理や更新費用等の中長期的な推計値を書き込むことも求めた。平成29（2017）年9月現在、ほぼすべての自治体が計画を策定・公開している。それらを用いて、図表10では建設後50年以上経過する社会資本の割合を単純比較した。平成25（2013）年時点で建設後50年が経過した全国の道路橋は18％あるが、そのまま更新や除却を行わなかったと仮定すると、2023年には43％、2033年には67％になる。同様に図表11は、建設後50年以上経過する北陸3県の道路橋の割合を示したものである。平成27（2015）年時点で建設後50年経過した石川県の道路橋は23％、福井県は32％であるが、2025年には48％と56％、2035年には67％と71％になると推計されて

図表10　建設後50年以上経過する社会資本の割合（全国）

	2013年	2023年	2033年
道路橋	約18％	約43％	約67％
トンネル	約20％	約34％	約50％
河川管理施設（水門等）	約25％	約43％	約64％
下水道管きょ	約2％	約9％	約24％
港湾岸壁	約8％	約32％	約58％

図表11　北陸3県における建設後50年以上経過する道路橋の割合

	2015年	2025年	2035年	施設数
石川県	約23％	約48％	約67％	2,300
福井県	約32％	約56％	約71％	2,332
富山県				3,096

第4章　社会資本整備の50年　〜フローとストックの変遷〜

いる。図表12は、北陸3県の公共施設を経過年数別に割合を示したものであり、富山県では、平成27（2015）年時点で築50年を経過する施設が12.1％、築30年経過する施設は6割近くを占めるという。石川県では、平成27（2015）年時点で築年数が30年を超える公共施設の割合は、延床面積ベースで約53％であるが、このまま更新や除却を行わない場合2027年には72％になると推計している。福井県では、築50年を経過する施設は、10年後に20％になるという。また、平成27（2015）年時点で築30年を経過する公共施設の延床面積は全体の45％で、そのまま更新や除却を行わなかった場合には10年後には70％、20年後には90％になると推計されている。

　図表13は北陸3県における、更新費用必要額の推計と近年の投資費用をまとめたものである。富山県では、今後40年で公共施設の更新費用として約8000億円が必要であると見積もっている。この額は単年度当たりに換算すると、現在の投資額93億円の2.2倍にあたる201億円を毎年準備しなくてはならない額に相当する。同様に、土木農林インフラには約5200億円を要し、近年の平均投資額の1.6倍の額を今後毎年必要とすることになる。石川県では、今後30年で

図表12　北陸3県における公共施設の経過年別割合

	築50年経過	築30年経過	延床面積合計
富山県	12.1％	6割弱	173.2万㎡
石川県		72％←53％＊	
福井県	10年後には20％	90％←70％←45％＊	157.4万㎡

注1）＊印は、そのまま更新や除却を行わなかった場合のさらに10年後、20年後に築30年を経過することになる建物の割合を示す。
注2）『公共施設等総合管理計画』各県版より作成したため、厳密に定義が同じとは限らない。

図表13　北陸3県における社会資本等の今後の維持補修費推計額

		更新費用総額	単年度あたりの平均更新費用	社会資本等への平均投資額（直近5年）
富山県	施設＊	（今後40年）8,034億円	201億円	2.2倍← 93億円／年
	土木農林インフラ	（今後40年）5,200億円	130億円	1.6倍← 83億円／年
石川県※		（今後30年）8,315億円	277億円	1.7倍← 164億円（15年実績）
福井県	施設＊	（今後30年）2,860億円	95億円	1.5倍← 60億円／年
	橋梁＃	（今後30年）1,250億円	42億円	2.1倍← 20億円／年

（注1）＊印は、30年で大規模改修、60年で更新する場合の推計値、※印は施設＋道路舗装＋橋梁の推計値を示す。
　　　　＃印は寿命を鋼橋60年、コンクリート橋75年と仮定。
（注2）『公共施設等総合管理計画』各県版をもとに作成したため、厳密に定義が同じとは限らない。

8300億円あまりを必要とし、平成27（2015）年の投資額の1.7倍にあたる277億円を毎年必要とすることになる。福井県では、今後30年で公共施設に2800億円あまり、橋梁に1200億円あまりを必要としており、それぞれ近年の平均投資額の1.5から2.1倍にあたる95億円と42億円を毎年必要とすることになるという。

4. おわりに

　本稿では、半世紀を振り返りながら、どのような時代背景の下で社会資本整備が行われ、今後どのように維持補修、更新してゆくべきなのかデータに基づき整理してきた。しかし、これまで用いられてきた社会資本はフローベースで捉えられており、ストック（物量）ベースでの詳細な把握はなされてこなかった。そこで国は、平成26（2014）年に「公共施設等総合管理計画の策定にあたっての指針」を発表し、各自治体における公共施設の老朽化度合い、利用状況、自治体の総人口や人口構成とそれらの見通し、維持管理、更新の中期的な経費の見込みについてまとめることを要請した。さらには、自治体が所有する道路や公園、学校などすべての固定資産の取得価額や耐用年数などをまとめる、「固定資産台帳」整備を行うことも要請している。これらのデータに併せ、インフラファンド等を用いたPFI（民間主導の公共事業）、さらに柔軟にPPP（公民連携）も視野に入れ、緊急に老朽化対策が求められている。

　このように、国や自治体は危機感をもって社会資本等の老朽化対策を進めているが、国民の半数はそれらの維持補修の必要性について十分に認知していないことが、平成29（2017）年に行われた国土政策研究所の調査によって明らかになった。とりわけ10代から20代の課題認知が3割程度と低いことが示されている。たしかに彼らは、これまで50年に及ぶ社会資本整備によるフロー効果もストック効果もあまり享受できなかった世代なのかもしれない。これからの50年を生きてゆく彼らに、公的「負」動産や負の遺産の後処理をさせないためにも、綿密な長期計画に基づき我々が身を切るドラスティックな変革が必要であろう。

第5章
北陸3県製造業で強みを持つ業種の変遷と生産性の分析
― 労働生産性の全国平均比較と3指標で見た要因分析 ―

富山大学　小柳津　英知

1．はじめに

　1970年代中頃まで、日本海側の地域はメディアや他地方の住民から「裏日本」と呼ばれてきた。その背景に、戦後の数度にわたる「全国総合開発計画」で日本海側が軽視される等、「差別」感が国の政策にあったと指摘する研究者もいる[注i]。実際、富山・石川・福井の北陸3県には太平洋側に見られる大規模な重化学工場群は建設されず、富山では誘致した有名企業の工場が石油ショック後に撤退した負の経験を持つ。しかし、そうした中でも大正期以降の繊維工業を中心とした独自の工業集積は現在でも維持され、当時からの地元企業の持続的成長のみならず、新しい企業の立地も活発に続いている。本稿は、こうした北陸3県の製造業の成果と特徴を、第二次石油ショック直後の昭和55（1980）年以降について、各県の強みを持つ業種の抽出と労働生産性及びその関連指標の分析によって考察するものである。

2．北陸3県製造業の強みを持つ業種
（1）北陸3県の県内総生産に占める製造業の構成比の推移
①バブル景気時まで製造業の構成比を上昇させた富山

　図表1は、北陸3県の実質県内総生産に占める製造業の構成比の推移を見たものである[注ii]。昭和50（1975）年度は第一次石油ショック直後にあたり、日本全

(注i)　古厩忠夫著『裏日本』岩波新書による主張。
(注ii)　県内で産まれた粗付加価値全体に占める、製造業が産んだ付加価値の割合を意味する。

図表1　県内総生産に占める製造業の構成比の推移

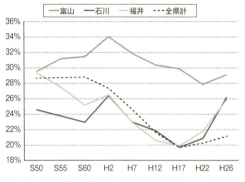

(注) データは昭和50（1975）年度を除き実質ベース。ただし年度により基準年が異なる。「全県計」とは県民経済計算データの46都道府県の合計値を指す。この値は国民経済計算上の国内総生産とは一致しない。
出所：内閣府『県民経済計算』各年版より筆者作成

体を意味する「全県計」の製造業の構成比28％強に対し、富山と福井はそれをわずかに上回り、石川はそれを約4％下回る。それから10年後の昭和60（1985）年度にかけて福井、石川、「全県計」の値が下落する一方、富山の値は上昇し、バブル景気時の平成2（1990）年度まで継続している。このことから、特に富山は製造業に特徴（強み）を持つ地域と言うことができる。

②ここ10年で石川、福井の製造業の構成比は急上昇し日本全体のそれを上回る

次に平成2年度（1990）以降のバブル崩壊による平成不況の中、平成17（2005）年度にかけての推移を見ると、日本全体を意味する「全県計」と北陸3県、特に福井の製造業の構成比は減少している。これは日本全体の最終消費支出減退に伴う製造業への需要減を反映したものと考えられる。

しかし、それから平成26（2014）年度に至る回復基調を通して、福井と石川の製造業の構成比は急上昇し「全県計」を上回るに至った。このようにして製造業は、北陸3県全体の特徴ある産業として復活したと言うこともできよう。

(2) 北陸3県の特化整数でみた特徴的な製造業の推移

図表2は、北陸三県製造業の業種別の特化係数（出荷額ベース）を算出し、その上位5業種の推移を見たものである。特化係数とは下記のように定義され、値が1を超えると当該地域に特徴ある（強みを持つ）業種と判断される。

$$\text{第i業種の特化係数} = \frac{（各県の製造業第i業種の出荷額／各県の製造業全体の出荷額）}{（日本全体の製造業第i業種の出荷額／日本全体の製造業全体の出荷額）}$$

初めにこれら上位5業種の推移から、北陸3県の特徴ある製造業種の変遷を把握していきたい。

図表2 北陸三県の製造業の特化係数の上位5業種の推移（出荷額ベース）

		昭和55年(1980)	特化係数	昭和60年(1985)	特化係数	平成2年(1990)	特化係数	平成7年(1995)	特化係数	平成14年(2002)	特化係数	平成17年(2005)	特化係数	平成20年(2008)	特化係数	平成23年(2011)	特化係数	平成25年(2013)	特化係数
富山		非鉄金属製造業	5.94	非鉄金属製造業	5.87	金属製品製造業	5.48	金属製品製造業	5.05	金属製品製造業	4.55	非鉄金属製造業	3.68	非鉄金属製造業	3.67	その他の製造業	3.67	非鉄金属製造業	3.36	非鉄金属製造業	3.63
		繊維工業	2.87	非鉄金属製造業	3.17	非鉄金属製造業	3.05	非鉄金属製造業	3.14	木材・木製品製造業（家具を除く）	4.07	金属製品製造業	3.35	金属製品製造業	2.99	その他の製造業	3.17	その他の製造業	3.54
		金属製品製造業	2.70	金属製品製造業	3.07	繊維工業	3.07	その他の繊維製品製造業	2.47	その他の金属製品製造業	3.45	その他の製造業	3.34	非鉄金属製造業	2.80	金属製品製造業	3.16	金属製品製造業	2.92
		パルプ・紙・紙加工品製造業	1.46	プラスチック製品製造業（別掲を除く）	1.77	木材・木製品製造業（家具を除く）	2.32	繊維工業	2.23	電子部品・デバイス製造業	2.18	家具・装備品製造業	3.30	生産用機械器具製造業	2.49	繊維工業	2.23	繊維工業	2.10
		木材・木製品製造業（家具を除く）	1.35	木材・木製品製造業（家具を除く）	1.77	化学工業	1.72	木材・木製品製造業（家具を除く）	2.17	繊維工業	1.95	繊維工業	2.06	電子部品・デバイス・電子回路製造業	1.74	電子部品・デバイス・電子回路製造業	2.01	電子部品・デバイス・電子回路製造業	2.00
石川		繊維工業	7.36	繊維工業	6.10	繊維工業	5.71	繊維工業	7.75	繊維工業	4.83	繊維工業	5.62	繊維工業	6.38	繊維工業	6.33	家具・装備品製造業	7.05
		一般機械器具製造業	4.27	一般機械器具製造業	3.48	衣服・その他の繊維製品製造業	3.22	家具・装備品製造業	2.31	家具・装備品製造業	3.15	家具・装備品製造業	5.52	生産用機械器具製造業	6.03	生産用機械器具製造業	5.51	生産用機械器具製造業	6.38
		衣服・その他の繊維製品製造業	3.11	衣服・その他の繊維製品製造業	2.92	一般機械器具製造業	2.96	情報通信機械器具製造業	2.30	一般機械器具製造業	2.66	一般機械器具製造業	2.80	電子部品・デバイス・電子回路製造業	5.11	電子部品・デバイス・電子回路製造業	2.11	生産用機械器具製造業	5.46
		家具・装備品製造業	1.55	家具・装備品製造業	2.30	家具・装備品製造業	1.95	家具・装備品製造業	2.21	情報通信機械器具製造業	2.39	電子部品・デバイス・電子回路製造業	2.51	電子部品・デバイス・電子回路製造業	2.18	印刷・同関連業	1.82	電子部品・デバイス・電子回路製造業	3.14
		窯業・土石製品製造業	1.13	木材・木製品製造業（家具を除く）	1.82	木材・木製品製造業（家具を除く）	1.69	一般機械器具製造業	1.70	飲料・たばこ・飼料製造業	2.36	情報通信機械器具製造業	2.13	情報通信機械器具製造業	1.82	その他の製造業	1.46	情報通信機械器具製造業	2.21
福井		繊維工業	11.86	繊維工業	10.08	繊維工業	9.75	繊維工業	12.75	繊維工業	10.79	繊維工業	11.77	繊維工業	11.38	繊維工業	12.37	繊維工業	11.92
		木材・木製品製造業（家具を除く）	2.63	精密機械器具製造業	2.21	非鉄金属製造業	2.86	衣服・その他の繊維製品製造業	4.05	衣服・その他の繊維製品製造業	3.36	非鉄金属製造業	3.09	電子部品・デバイス製造業	2.92	電子部品・デバイス・電子回路製造業	3.56	電子部品・デバイス・電子回路製造業	3.42
		精密機械器具製造業	2.10	精密機械器具製造業	2.19	精密機械器具製造業	2.67	精密機械器具製造業	3.01	精密機械器具製造業	2.98	非鉄金属製造業	3.00	非鉄金属製造業	2.84	非鉄金属製造業	2.78	その他の製造業	2.75
		衣服・その他の繊維製品製造業	1.94	木材・木製品製造業（家具を除く）	2.08	非鉄金属製造業	2.31	非鉄金属製造業	2.71	非鉄金属製造業	2.83	精密機械器具製造業	2.54	その他の製造業	2.78	その他の製造業	2.78	非鉄金属製造業	2.61
		その他の製造業	1.79	衣服・その他の繊維製品製造業	1.91	衣服・その他の繊維製品製造業	1.79	プラスチック製品製造業（別掲を除く）	2.00	木材・木製品製造業（家具を除く）	2.29	木材・木製品製造業（家具を除く）	2.32	木材・木製品製造業（家具を除く）	2.76	窯業・土石製品製造業	2.24	窯業・土石製品製造業	2.44

（注）業種名は「工業統計表（産業編）」各年版の業種分類に基づくが、昭和55（1980）年度以降に業種の分類が細分化され、平成14（2002）年度から「電子部品・デバイス・電子回路」は登場し、平成17（2005）年度から「一般機械」が「汎用・生産・業務用機械」の二業種に、「精密機械器具」は平成20（2008）年度からなくなり「業務用機械器具」になるなど年度によって業種数と名称が異なる点に注意されたい。

出所：経済産業省（平成7（1995）年度まで通商産業省）「工業統計表（産業編）」の各年版より筆者作成

①1980年代〜バブル景気：石川、福井は「繊維」、富山は「非鉄金属」から「金属」へ

　図表2で昭和55（1980）年度から平成2（1990）年度までの三時点を見ると、石川、福井で特化係数一位は「繊維」であり、特に福井の値は10前後の際立って高い値を示している。次に、石川の二位は「一般機械器具」で変わらない。また福井の二位以下も「木材・木製品」、「精密機械機具」、「非鉄金属」などでほとんど変化がない。一方、富山は昭和55（1980）年度の特化係数は、一位「非鉄金属」、二位「繊維」、三位「金属」となっていたが、昭和60（1985）年度から一位「金属」、二位「非鉄金属」と変わっている。

②バブル景気崩壊後〜景気回復時：「電子部品・デバイス」が登場

　平成7（1995）年度から平成17（2005）年度までの三時点を見ると、石川、福井で特化係数一位は引き続き「繊維」であり、福井はそれまでと同様に高い値を示している。

　また、石川は平成17（1995）年度に「家具・装備品」の特化係数が5を越えて二位となり、福井も平成14（2002）年度に登場した四位「電子部品・デバイス」が、平成17（2005）年度には特化係数が3を超えて二位となるなど変化が生じている。富山は、平成7（1995）年度の特化係数一位「金属」、二位「非鉄金属」、三位「衣類・その他の繊維」だったのが、平成14（2002）年度には一位「金属」、二位「木材・木製品」、三位「電子部品・デバイス」と変わった点が特徴である。特に「木材・木製品」の特化係数の上昇は著しい。さらに平成17（2005）年度の特化係数一位には「非鉄金属」が返り咲いている。

③リーマンショック〜現在：徐々に回復　「窯業・土石」、「生産用機械器具」で強みを発揮

　平成20（2008）年は世界同時不況を引き起こしたリーマンショックが9月に生じ、年度末（3月）にかけて日本の製造業に大幅な受注減をもたらしたと考えられる。

　この平成20（2008）年度から平成25（2013）年度までの三時点を見ると、平成20（2008）年度の石川の特化係数一位は6を超える「家具・装備品」となっているが、二位「繊維」も6を超える水準にある。また三位「生産用機械器具」も5を超えており、非常に強みを持つ業種となっている。

　福井の特化係数一位は三時点を通して10を超える「繊維」であり、二位以下

で注目されるのは「窯業・土石」の登場である[注iii]。

富山はリーマンショック後の平成23（2011）年度に「その他の製造業」の特化係数が3を超えて一位となったほか、上位五位の特化係数はほぼ3～2の間にあり、石川、福井と異なり1つの業種（繊維）に特化した傾向を持たないのが特徴と言える。

3. 北陸3県の製造業の労働生産性の推移と特徴

冒頭に述べた産業集積の伝統から、北陸は製造業（ものづくり）に強みを持つと言う自治体関係者や企業人が少なくない。確かに図表1で見たように製造業の構成比は全国のそれを上回り[注iv]、著名な地元企業に加えて全国企業の工場も多く立地している。

そこで本稿では、北陸のものづくりの「現場」の労働生産性は、過去30年間において全国平均や代表的な他県と比較してどのような位置にあるのかを見る。そのため、『工業統計表（産業編）』の時系列データから、付加価値分析を用いて考察していくことにする。

（1）立地特性に基づく製造業の4グループ化とその構成比
①立地特性に基づく製造業の4グループ化

地域の製造業の立地特性や比較の際によく用いられるのは、旧通産省時代から実施されている『工場立地動向調査』における製造業の4グループ化である。これを参考に『工業統計表（産業編）』の30業種を図表3の「地方資源型」「雑貨型」「基礎素材型」「加工組立型」に再統合して集計した。

②全国と富山の4グループの構成比の比較と推移

ここでは、立地特性の観点から統合した4業種について特に全国と富山の構成比の推移を比較する。

○4グループでみた従業者数の構成比

図表4は従業者数の構成比について比較したもので、全国は最大が「加工組立型」、次いで「地方資源型」となっており「加工組立型」の構成比が上昇してい

(注iii) 具体的にはセラミックの製造と推察される。
(注iv) 特化係数の考え方と同じである。

図表3 本稿における製造業の4グループ化
(平成25〔2013〕年度の産業中分類に基づく)

グループ	業種
地方資源型	食料品製造業
	飲料・たばこ・飼料製造業
	繊維工業
	衣服・その他の繊維製品製造業
	木材・木製品製造業（家具を除く）
	パルプ・紙・紙加工品製造業
	窯業・土石製品製造業
雑貨型	家具・装備品製造業
	印刷・同関連業
	プラスチック製品製造業（別掲を除く）
	ゴム製品製造業
	なめし革・同製品・毛皮製造業
	その他の製造業
基礎素材型	化学工業
	石油製品・石炭製品製造業
	鉄鋼業
	非鉄金属製造業
加工組立型	金属製品製造業
	はん用機械器具製造業
	生産用機械器具製造業
	業務用機械器具製造業
	電子部品・デバイス・電子回路製造業
	電気機械器具製造業
	情報通信機械器具製造業
	輸送用機械器具製造業

(注) 『工場立地動向調査』では、昭和60（1985）年度の「衣服」は【雑貨型】としているが、平成14（2002）年度から「衣服その他の繊維工業」と変更されているため、本稿では昭和60（1985）年度から【地方資源型産業】に統合している。その他の業種分類の変更点についても図表2の注記を参照されたい。
出所：筆者作成

る。一方、富山は昭和55（1980）年度では最大が「地方資源型」であったが、昭和60（1985）年度には「加工組立型」が最大となり、平成14（2002）年度から「地方資源型」の構成比が減少を続け「雑貨型」が拡大しているのが特徴である。

○4グループでみた出荷額の構成比

図表5は出荷額の構成比について比較したもので、全国は昭和55（1980）年度では最大が「加工組立型」、次いで「基礎素材型」だったのが昭和60（1985）年度には「地方資源型」の構成比が上回り、平成25（2013）年度には再度、逆転している。一方、富山は昭和55（1980）年度では最大が「基礎素材型」であったが、以降の年度から「加工組立型」となり、「雑貨型」も構成比を増やしているのが特徴である。

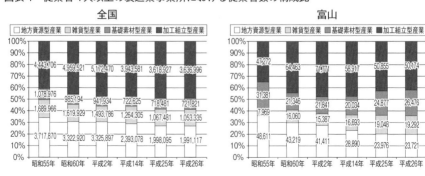

図表4 従業者4人以上の製造業事業所における従業者数の構成比

出所：経済産業省（平成7〔1995〕年度までは通産省）『工業統計表（産業編）』の各年版より筆者作成

図表5　従業者4人以上の製造業事業所における出荷額の構成比

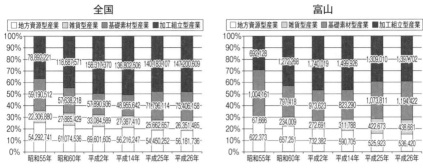

出所：経済産業省（平成7〔1995〕年度までは通産省）『工業統計表（産業編）』の各年版より筆者作成

（2）北陸3県製造業の労働生産性の付加価値分析

①労働生産性の定義

　「付加価値」の意味は、企業が事業活動を通じて新たに産み出した価値である。したがって、付加価値が効率的に産み出されているか、つまり生産性が高いかどうかは企業の競争力を最も左右するものと言える。次に、企業の付加価値を産み出す基礎となる生産要素は、労働力（従業者）である。

　そのため、生産効率を判断するのに「労働生産性」という指標が用いられる。すなわち、労働者一人当たりいくらの付加価値を産み出しているかを測る指標で、企業の人的効率の程度が明らかになる。本稿では『工業統計表（産業編）』の県別データから以下の算出式により求めた。つまり個別の企業で捉えるのではなく、県内の製造現場を集計した生産性を示したものである。ただし、データ制約の都合から、「従業者30名以上の事業所」に限定した比較となっている点も注意されたい。

$$労働生産性 = \frac{付加価値額（純付加価値）}{従業者数^{(注v)}}$$

（注v）『工業統計表（産業編）』の「常用」と「臨時」の従業者数の合計を用いている。

②生産性を三つの指標に分解

　労働生産性という指標は、生産活動の他の要因からどのような影響を受けているのかを知るためにいくつかの要因に分けて考えることができる。本稿では以下の三つの指標に分けることにした。これらの意味は以下の通りである。

〇付加価値率

　「付加価値率」は、販売額に占める付加価値額の構成比を示し、この値が高いほど高付加価値の製品を販売していると判断できる。付加価値額は『工業統計表（産業編）』の「純付加価値額」（粗付加価値額から減価償却費を除く）のデータを用いる。

〇労働装備率

　「労働装備率」は、従業者一人当たりの設備額を意味し、この値が高いほど資本集約的と判断できる。この設備額には『工業統計表（産業編）』の「有形固定資産額」のデータから、通常、期首・期末の期中平均を用いるが、本稿では期末の値で算出している。

〇有形固定資産回転率

　「有形固定資産回転率」は設備一単位当りの売上額、つまり設備の稼ぎ具合が示され、製造業ではこの値が高いほど設備の稼動状況が良いと判断できる。この売上額には『工業統計表（産業編）』の「製造品出荷額等」のデータを用いて算出している。

　これら三つの指標により下のような要因分解式が定義できる。

労働生産性　＝　付加価値率　×　労働装備率　×　有形固定資産回転率

（付加価値額／従業者数）
　＝（付加価値額／製造品出荷額等）×（有形固定資産／従業者数）×（製造品出荷額等／有形固定資産）

（3）北陸3県の4業種別にみた付加価値分析の結果

　ここでは付加価値分析の算出結果を見るが、該当年の『工業統計表（産業編）』データをそのまま用いたものである。つまり名目データであることにも注意されたい。例えば図表6の労働生産性の値は昭和55（1980）年度から平成

2（1990）年度まで急上昇しているが、当時の物価上昇の影響も含んだものである。また、既述の通り「従業者30名以上の事業所」に限定した分析である。

①4業種の労働生産性の推移（図表6）は以下のようにまとめられる

○地方資源型

北陸3県は全ての抽出年度（昭和55〔1980〕年度から平成25〔2013〕年度）で全国平均より低い水準にある。取り上げた8県のうち、北陸3県が下位3県となっており、富山の平成14（2002）年度以降の低下が際立つ。

○雑貨型

富山は全ての抽出年度で全国平均より低い水準にある。石川は徐々に上昇し、平成14（2002）年度以降、全国平均を上回る。福井は平成14（2002）年度、平成17（2005）年度と全国平均を上回ったがその後の下落が著しい。

○基礎素材型

富山は全ての抽出年度で全国平均より低い水準にあり、平成17（2005）年度から低下が際立つ。石川は平成14（2002）年度以降、平成23（2011）年度を除き全国平均を上回っている。福井は平成7（1995）年度まで8県の最下位であっ

図表6　労働生産性の推移 （単位：100万円）

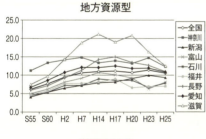
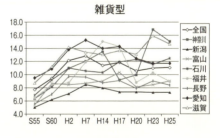
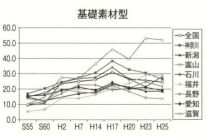
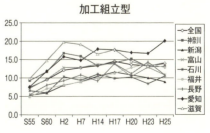

出所：経済産業省『工業統計表（産業編）』各年版より筆者作成

たが、その後上昇し、平成23（2011）年度からは全国平均を上回る。
○加工組立型
　富山は昭和60（1985）年度～平成14（2002）年度にかけて全国平均上回っていたが、平成17（2005）年度から低下が際立つ。石川は全ての抽出年度で全国平均より低い水準にある。福井は昭和55（1980）年度では8県の最下位であり、平成23（2011）年度を除き全国平均より低い水準であるが、この間の上昇は著しいものがある。

②付加価値率（図表7）の推移は以下のようにまとめられる
○地方資源型
　富山は平成7（1995）年度～平成17（2005）年度で0.4を超え、全国平均を上回っていたが、以降は0.3の水準に落ち込み全国平均を下回る。石川は抽出年度を通して0.34～0.39の範囲にあり安定しているが、全国平均を下回る年度が大半である。福井は平成2（1990）年度～平成17（2005）年度で0.4を超え、全国平均を上回っていたものの平成20（2008）年度から0.3の水準に落ち込み全国平均を下回る。
○雑貨型
　富山は昭和60（1985）年度に0.44と8県の中で石川の0.51に次いで高い水準にあったが、その後は下落基調にあり全国平均の水準にある。石川は抽出年度を通してほぼ0.45～0.5の範囲にあり安定し、全ての年度で全国平均を上回る。福井は平成2（1990）年度～平成17（2005）年度にかけて0.5を超えるまで上昇したが、その後は不安定である。
○基礎素材型
　富山は全ての抽出年度で全国平均よりかなり高い水準にある。ただし近年の下落が著しい。石川も全国平均よりかなり高い水準にある、特に平成7（1995）年度、平成14（2002）年度は0.5を超える。福井は昭和55（1980）年度に0.18と非常に低い値であり、平成17（2005）年度まで全国平均を大きく下回っていたが、その後は改善が見られる。
○加工組立型
　富山は平成17（2005）年まで全ての抽出年度で0.4以上を示し、全国平均よりかなり高い水準にある。石川は0.4以上の年度が無く、全国平均を下回る年度

図表7　付加価値率の推移

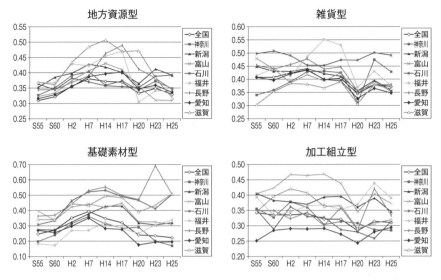

出所：経済産業省『工業統計表（産業編）』各年版より筆者作成

が大半である。福井は平成23（2011）年度のみ0.4を超えるものの、全ての抽出年度で全国平均より高い水準にある。

③労働装備率（図表8）の推移は以下のようにまとめられる

〇地方資源型

　北陸3県は昭和55（1980）年度では全国平均を大きく下回っていた。富山はその後、平成7（1995）年度～平成20（2008）年度にかけて全国平均を上回るが、平成23（2011）年度からは下落基調になる。石川も福井も抽出年度を通して全国平均を下回り、石川は平成20（2008）年度以降の下落が著しく、福井は平成17（2005）年度から上昇基調にある。

〇雑貨型

　北陸3県は昭和55（1980）年度では全国平均を大きく下回っていた。富山は平成23（2011）年度まで全国平均を下回り、石川は平成7（1995）年度～平成20（2008）年度に全国平均を大きく上回ったが、その後は低下している。福井は抽出年度を通して全国平均を下回る。

図表8　労働装備率の推移　　　　　　　　　　　　　　　　　　（単位：100万円）

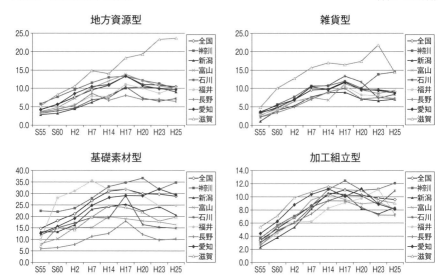

出所：経済産業省『工業統計表（産業編）』各年版より筆者作成

○基礎素材型

　富山と石川は抽出年度を通して全国平均を下回り、平成14（2002）年度からほぼ下落基調にある。福井は昭和60（1985）年度に急増し、平成17（2005）年度まで全国平均を上回っているが、その後は低迷している。

○加工組立型

　北陸3県は昭和55（1980）年度では全国平均を大きく下回っていた。その後、富山は全国平均を超えるが、平成14（2002）年度をピークに低下基調で推移する。石川は平成17（2005）年度まで順調に上昇しているが、福井は全体を通して全国平均を下回る傾向にある。

④有形固定資産回転率（図表9）の推移は以下のようにまとめられる

○地方資源型

　富山は全ての抽出年度で全国平均より低い水準にある。昭和55（1980）年度に4を超えるもその後はほぼ低下している。石川は昭和60（1985）年度と平成2（1990）年度で4を超えていたが、その後は全国平均の近傍で推移している。福井も昭和55（1980）年度の4からほぼ低下し、全ての抽出年度で全国平均より

図表9　有形固定資産回転率の推移　　　　　　　　　　　　　　　　　　（単位：回）

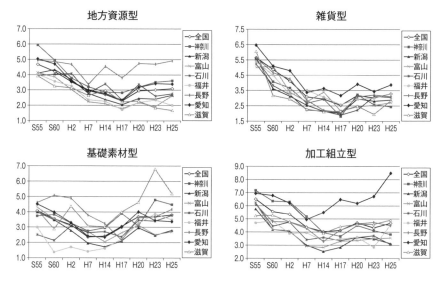

出所：経済産業省『工業統計表（産業編）』各年版より筆者作成

低い。

○雑貨型

　富山は5を越えた昭和55（1980）年度と昭和60（1985）年度以外で全国平均より低い水準にあり、昭和60（1985）年度以降の下落が著しい。石川も平成23（2011）年度以外で全国平均より低く同様の傾向にある。福井は平成7（1995）年度と平成14（2002）年度、平成17（2005）年度にわずかに全国平均を上回ったのみである。

○基礎素材型

　富山は昭和55（1980）年度の4.30から下落基調で、その後は全国平均より低い水準にある。特に近年の低下が際立つ。石川は昭和55（1980）年度の2.51から上昇を続けているが、全ての抽出年度で全国平均より低い水準にある。福井は8県の中で2未満の年度が最も多いが、近年は3以上の値を保っている。

○加工組立型

　北陸3県は全ての抽出年度で全国平均より低い水準にある。富山と石川は平成2（1990）年度以降の下落が著しい。福井は昭和55（1980）年度では8県の

最下位であり、平成25（2013）年度を除いて低調な値を示している。
⑤北陸3県の付加価値分析3指標の推移の特徴

　北陸3県の労働生産性は必ずしも全国平均に比較して高くないことが明らかになった。以下では県別にその要因を整理する。

○富山

　平成20（2008）年度以降、「雑貨型」と「基礎素材型」の労働生産性の低迷が著しい。労働生産性に影響を与える3指標のうち、『有形固定資産回転率』と『労働装備率』の低いことによる。特に前者は、売上（出荷額）が十分確保できていない（例えば安値受注）事が影響したと考えられる。

○石川

　昭和55（1980）年度以降、「雑貨型」と「基礎素材型」の労働生産性は堅調に上昇している。4グループ全てがほとんどの抽出年度で『付加価値率』が高いことに特徴を持つ。「加工組立型」の労働生産性は全国平均より低く、『有形固定資産回転率』の低下が影響している。

○福井

　昭和55（1980）年度以降、「基礎素材型」と「加工組立型」の労働生産性は堅調に上昇し、前者は平成23（2011）年度から全国平均を上回っている。これは『付加価値率』と『有形固定資産回転率』の高いことが影響している。一方、「雑貨型」の労働生産性の低さは『労働装備率』の低いことによる。

4．北陸3県製造業4グループの付加価値分析から示唆される課題
（1）北陸3県製造業の特徴的業種が立地を継続する理由

　北陸3県は県内総生産に占める製造業の構成比が全国のそれより大きいため、製造業に強みを持つことがわかった。しかし製造業を立地特性による4グループ別に算出すると、その労働生産性は必ずしも全国平均に比較して高くないことも明らかになった。

　このような場合に参考とすべきは、経済学における「単位労働コスト」の考え方である。つまり、最新設備導入（プロダクトイノベーション）や労働者のスキル向上（プロセスイノベーション）による労働生産性上昇は、単位労働コストを下げる効果を持つ。そして名目賃金の下落も同様の効果を生じる。した

がって他地域に比較して労働生産性が低くとも、名目賃金がそれ以上に低ければ、他地域に比較して単位労働コストは低いと企業からはむしろ評価される。

　このように考えると、北陸3県に見られる特定業種の製造現場が相対的に集中してきたのは労働コストが相対的に安価な要因も大きいと推察される。実際、筆者が『工業統計表』から1人当たり現金給与支払い額を算出すると、4グループのいずれも大都市圏の同規模工場に比較してかなり低い水準で推移してきたことがわかった（本稿ではデータを掲載していない）。

(2)『労働装備率』と『有形固定資産回転率』の低さは本社部門の問題

　先に見たように北陸3県の製造業を立地特性による4グループ別に算出すると、その『付加価値率』が全国平均に比較して著しく劣る年度はわずかである。

　つまり、労働生産性の低さの大半は『労働装備率』と『有形固定資産回転率』の低さに起因する。そして、『労働装備率』は当該企業の設備投資意欲に、『有形固定資産回転率』はマーケティングや価格交渉力を含めた販売力（―『出荷額』）に大きく依存するものである。

　このように考えると、北陸3県の製造業の労働生産性の低さは、本社部門の問題であるとも言えよう。今後、本格的に地方圏で労働力不足が深刻化すると、製造現場でも名目賃金を上げざるを得ない。したがって、販売力・価格交渉力といった企業全体のマネジメント改善による労働生産性の向上に迫られると考えられる。

参考文献
・『工業統計表（産業編）』経済産業省、各年版

謝辞
　本稿の執筆内容について、北陸経済研究所の藤沢和弘氏から構成や表現について多大な助言を頂きました。ここに記して謝意を表します。

第6章
民間企業設備投資アンケート結果から見た北陸の50年の歩み

金沢学院大学　高橋　啓

1. はじめに

　本稿は、民間企業の設備投資動向を基に、北陸経済の50年の歩みを振り返ることを目的としている。ミクロの企業経営においてはどのような設備投資を行うかは経営戦略上の重要事項とされている。投資回収に長期を要する設備投資の成功、失敗は企業の存続にも影響することは間違いがない。また、マクロ経済的にも、設備投資による生産能力の拡充は経済成長の起動力となるものである。

　地域の経済力の趨勢に影響し、地域の産業構造を規定する要因ともなる民間企業の設備投資動向を、富山県、石川県、福井県の北陸3県（以下「北陸地域」と呼ぶ）の動きと他地域の動きを適宜比較しながら、この50年間を振り返ってみると、北陸地域は着実に経済力を拡充してきたことが見てとれる。一方、現在の状況は、グローバル化の中で地域の成長の方向をどのように進めていくのか、分岐点に差しかかっているようにも思われる。以下でその概略を述べていくこととしたい。

2. 設備投資アンケート調査の概要

　今回の分析に当たって基礎データとしたのは、日本開発銀行およびその後身である日本政策投資銀行が昭和31（1956）年度から毎年実施している「設備投資計画調査」（以下「設備投資アンケート」と呼ぶ）結果の公表資料である。そのうち、昭和40（1965）年度以降の調査結果は時系列データが連続して一覧できる形にまとめられており、本稿は、これらを基に昭和40（1965）年以降の北陸地方の民間企業の設備投資動向を整理、分析したものである。まず、同行の

「設備投資計画調査」の概要は図表1の通りである。

図表1　日本開発銀行・日本政策投資銀行「設備投資計画調査」の概要

項　目	概　　　要
調査対象企業	原則として資本金1億円以上の民間法人企業（金融保険業などを除く）
調査方法	アンケート方式（調査票送付。必要に応じ電話聞き取りなどにより補足）
調査時期	2003年までは年2回（2月、8月）調査 2004年・2005年は年2回（6月、11月）調査 2006年以降は年1回（6月）調査（2011年は7月調査）
設備投資の範囲	自社の有形固定資産に対する国内投資（不動産業における分譲用を除く）。 原則として、建設仮勘定を含む有形固定資産の新規計上額（工事ベース）。 2009年6月調査よりリース資産への新規計上額を含む。
回収率等 （2017年6月 調査の場合）	調査対象会社数　：　10,263社 回答企業　　　　：　6,086社（回収率：59.1％） 地域別回答企業　：　5,271社（回収率：51.4％）

出典：日本政策投資銀行産業調査部（2017）『調査』110号、pp38-39を基に作成

　この調査の特徴は、設備投資額をその実施都道府県別に調査している点にある。例えば、本社が東京にある企業の石川県内にある工場に関する設備投資は、石川県内の設備投資額として、いわゆる「属地主義」に基づいて集計されている。このため、地域の実態により近い設備投資動向が把握できるものと言えよう。

　データの取り扱いに当たって注意する点としては、毎回回答企業が異なるため、各年度の調査結果である設備投資額には厳密な意味での連続性がない点にある。同行調査では、設備投資の増減率を公表しているが、これは、調査対象年度の前年度実績投資額と当年度投資予定額の2カ年の設備投資額を回答した企業（これを「共通回答企業」と呼んでいる）の回答額を合計して算出している。このため、例えば、平成28（2016）年度の設備投資実績額といっても、平成27（2015）年度の対比で増減率計算のベースとなった平成28（2016）年度設備投資額と、平成29（2017）年度の増減率計算のベースとなった平成28（2016）年度設備投資額は共通回答企業が異なることから、2つの異なる設備投資実績額が存在することになる。（図表2参照）

　同行が過年度の設備投資調査結果として時系列で整理・公表しているデータは、毎年8月ないし6月調査時点における回答額が基になっている。調査時点の前年度の設備投資増減率は、前年度および前々年度実績額との共通回答企業

ベースで算出した前年度実績額の増減率を掲載している。また、当年度実績見込み額との共通回答企業ベースでの前年度実績額を、前年度の実績設備投資額として掲載している。例えば、昭和41（1966）年度の設備投資の増減率として表示された値は、昭和40（1965）年度実績額と昭和41（1966）年度実績額の共通回答企業ベースで計算した結果であり、昭和41（1966）年度の設備投資額として表示された値は、昭和42（1967）年8月調査において回答した企業のうち、昭和41（1966）年度実績額と昭和42（1967）年度計画額の共通回答企業ベースで集計した結果である。このため、各年度の設備投資額を基にして増減率を計算しても、表示の増減率とは一致しないことになる。この点に留意して本稿を読み進められたい。

図表2　設備投資アンケート2017年6月調査総括表（一部分のみ抜粋）　　　　（単位：億円、％）

	2015・2016年度対比			2016・2017年度対比						2017・2018年度対比		
	2015年度	2016年度	増減率	2016年度	2017年度	増減率			構成比		2017年度	2018年度	増減率
						全産業	製造業	非製造業	2016年度	2017年度			
首都圏	29,152	30,307	4.0	30,451	34,112	12.0	9.8	12.7	32.9	33.1	16,942	15,677	▲ 7.5
北　陸	6,291	5,355	▲ 14.9	4,535	4,745	4.6	▲ 9.8	26.8	4.9	4.6	1,697	1,006	▲ 40.7
東　海	16,420	18,064	10.0	15,894	16,840	6.0	10.2	▲ 5.9	17.2	16.3	3,761	3,097	▲ 17.6
関　西	11,024	10,803	▲ 2.0	12,525	14,674	17.2	21.5	14.2	13.5	14.2	4,282	3,840	▲ 10.3
全　国	192,777	197,081	2.2	179,108	198,757	11.0	14.3	8.9	―	―	51,230	45,638	▲ 10.9

（注）　1．構成比は、都道府県別投資額回答会社の対合計比
　　　　2．全国は、都道府県別投資未回答会社と沖縄県の計数を含む
出典：日本政策投資銀行産業調査部（2017）『調査』110号、p55から一部引用

3．50年間の概観と時代区分

　昭和39（1964）年10月に東京で第18回オリンピック大会が開催され、このオリンピック開催に向けて東京の都市改造と各種の社会資本整備が行われた。昭和40（1965）年は、公共投資に支えられた景気に息切れが見られ、「昭和40年不況」とか「証券不況」と呼ばれる景気後退期であった。オリンピック閉幕後の昭和39（1964）年12月にサンウェーブと日本特殊鋼、その翌年の昭和40（1965）年3月に山陽特殊鋼が相次いで倒産し、昭和40（1965）年5月には4大証券と呼ばれた大手証券会社の一角である山一証券が経営危機となり、いわゆる日銀特融により何とか倒産を回避することができたとされている。政府は戦後初めて、赤字国債を発行して景気刺激策をとることとなったのが昭和40（1965）年当時

の状況である。

　昭和40（1965）年度の北陸3県の民間企業設備投資額は415億円。全国の設備投資額に占める構成比は2.4％にとどまっていた。平成28（2016）年度の設備投資額は4535億円であるので、この50年間で10.9倍となり、構成比も2.4％→4.9％に倍増している。

　この50年間の民間企業の設備投資の動きを、昭和40（1965）年を100としてその後の増減率を掛け合わせて指数にしてグラフ化したものが図表3である（以下、この方式で算出した指数を「名目設備投資指数」と呼ぶ）。毎年の設備投資額には厳密な意味での連続性はないので、実際の設備投資額の動きを表したものではない。ただし、毎年の設備投資の増減率は、各地域の設備投資の「勢い」を表していると考えられるので、図表3のグラフは、「勢い」の集積のおおよその方向や程度を表しているものと見てよいだろう。

　これを見ると、北陸のこの50年は、民間企業の設備投資に関しては全国より勢いがあり、東北地方には及ばないものの、近年の勢いは北関東甲信地方に迫り、国内でも上位の地域にあると言えよう。

　ただし、50年間一本調子に設備投資が拡大してきたものではないことは図表

図表3　1965年度以降の名目設備投資指数推移（1964年度＝100）

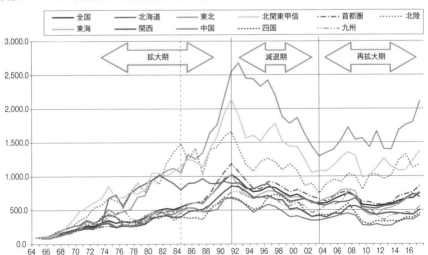

出典：付表1を基に作成

3に見る通りである。拡大する時期と減退する時期が交互に現れ、大波のような形になっている。そこで、この50年間の北陸の設備投資の動きを、波形の山と谷の位置で、①昭和40〜平成3（1965〜91）年度までの拡大期、②平成4〜15（1992〜2003）年度までの減退期、③平成16（2004）年度以降の再拡大期の3期に分けて概観してみることにしたい。

4. 拡大期（1965年度〜91年度）の設備投資動向

　昭和40〜平成3（1965〜91）年度までの拡大期の前半は高度経済成長期に当たり、全国的に設備投資が盛り上がった時期であるが、その中でも北陸地方と北関東甲信地方は特に盛り上がりを見せた時期である。いわゆる高度経済成長期は2度にわたるオイルショックで終焉し、以後低成長時代に入ることになる。北陸地方の設備投資の勢いは、いわゆる構造調整期にも衰えることなく拡大していくが、1980年代後半の円高により企業の海外進出が始まるとともに伸び悩みの傾向を見せ、東北地方や北関東甲信地方との勢いの差が広がっていくことになる。

　そこで、拡大期をさらに昭和59（1984）年度までの拡大一途の前半20年間と昭和60〜平成3（1985〜91）年度まで伸び悩みの後半7年間に分けて見ていきたい。

（1）拡大期前期（1965〜84年度）の設備投資動向

　昭和40〜59（1965〜84）年度までの20年間で、全国の設備投資が前年比でマイナスとなったのは、昭和40（1965）年度、昭和47（1972）年度、昭和50（1975）年度、昭和58（1983）年度の4回しかない。いわば16勝4敗の大幅な勝ち越しのようなもので、全国的に活発な設備投資が行われた時期と言える。

　昭和40（1965）年度こそ「40年不況」「証券不況」と呼ばれたが、急激な成長に経済体制が追いつくための「中休み」のような一時的な景気後退にとどまった。昭和40（1965）年10月から「いざなぎ景気」と呼ばれる好況が始まり、これまで以上に高率での成長を続けることになる。

　この間の北陸地方の設備投資の勢いは、図表4に見る通り、北関東甲信地方とともに全国レベルを大幅に上回って、トップクラスの拡大を遂げている。この間、ニクソンショック（昭和46〔1971〕年8月）、第1次オイルショック（昭

和48〔1973〕年10月)、第2次オイルショック(昭和54〔1979〕年1月)などが引き金となった景気後退の影響で設備投資が減少する年度もあったが、設備投資の基調は強かった。これは、景気変動の影響を受けやすい製造業の設備投資のウェイトが低く、長期、計画的に設備投資が行われる電力業の設備投資のウェイトが高かったことによると思われる(図表5参照)。

　この間の製造業の設備投資の中心となったのは繊維と化学である。特に繊維製品は高度経済成長期の主力輸出品であり、北陸地区での生産活動を支えるために堅調な設備投資が行われている。また、電力は、各種産業活動や社会生活を支える重要なエネルギー源として、電源開発が行われたと見ることができる。特に北陸では、地域内のみならず関西地区の電源としても開発が行われていることから、設備投資総額に占めるウェイトは大きかった。電源開発等は、長期的かつ計画的に行われることから、景気変動の影響は比較的軽微にとどまり、1980年代半ばまで拡大傾向が継続したと見ることができよう。

(2) 拡大期後期 (1985～91年度) の設備投資動向

　昭和60 (1985) 年9月のプラザ合意を契機として円高が急激に進行した。昭和60 (1985) 年はグローバル元年とも呼ばれ、電気機械、自動車などの主力輸

図表4　1965年度～1984年度までの地域別名目設備投資指数推移 (1964年度＝100)

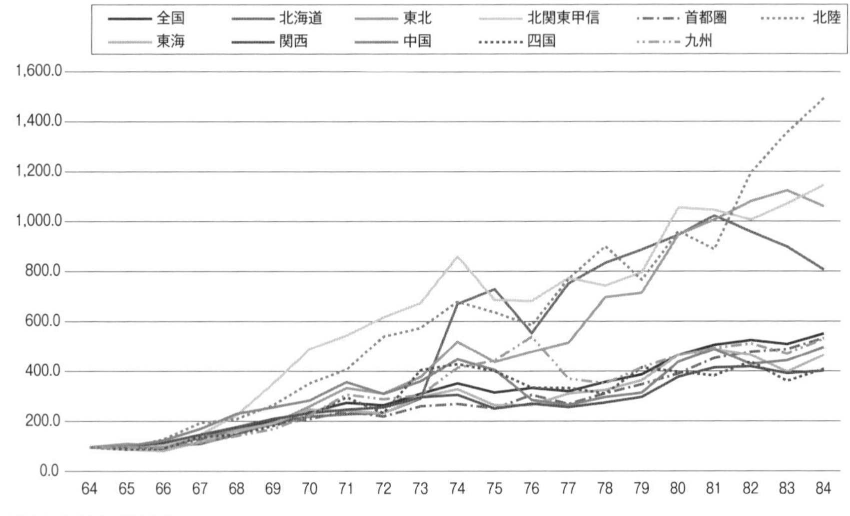

出典:付表1を基に作成

図表5　北陸地域の拡大期前期の業種別設備投資額　　　　　　　　　　　　　　　　（単位：億円）

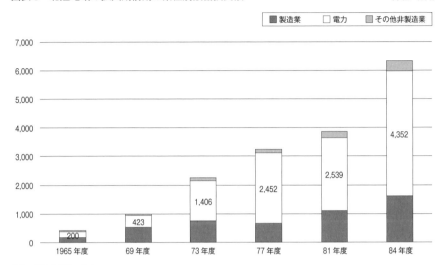

出典：付表2を基に作成

出産業の海外現地生産の拡大、本格化が始まった年とされている。1980年代の後半には、国内では貿易摩擦解消策としてリゾート開発などの内需振興策が打ち出され、いわゆる「バブル景気」が盛り上がりを見せた時期でもある。

　この間の地域別の民間企業の設備投資の動きを昭和59（1984）年度の水準を100とした名目設備投資指数の推移で表したのが図表6である。概ね各地域とも設備投資の勢いが増しているが、北陸地域は一進一退、概ね横ばいの状態にある。北海道も前半と後半で北陸の動きとは異なるものの、水準としては概ね横ばいのような動きとなっている。当時は新幹線もなく、首都圏などのバブル経済の震源地から相対的に時間距離が遠いことが影響したのか、設備投資の勢いは強くなく、伸び悩み状態とも言うことができる。

　この間の北陸地域の業種別設備投資額の内訳を表しているのが図表7である。依然として電力業の設備投資が主力であるが、金属製品、一般機械、電気機械などの機械系、あるいはハイテク系業種の設備投資額も一定のウェイトを持つようになっている。また、非製造業においてはリース産業の設備投資が増加している。これはリース設備の取得を意味しているので、その一定割合は製造業において利用される設備であると考えられる。国内製造業の輸出競争力の強さ

図表6　1985年度から1991年度までの地域別名目設備投資指数推移（1984年度＝100）

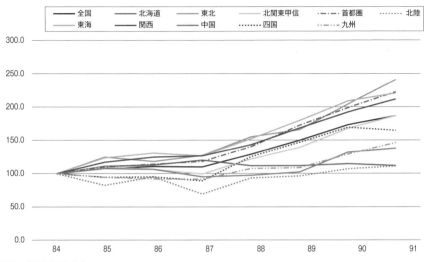

出典：付表1を基に作成

図表7　北陸地域の拡大期後期の業種別設備投資額　　　　　　　　　　　　　　　　（単位：億円）

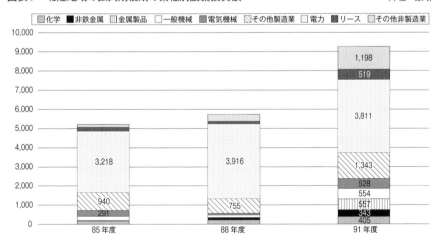

出典：付表2を基に作成

を反映して、製造業、特に機械系業種の設備投資額のウェイトが増してきたのがこの期間と投資動向の特徴と言うことができるであろう。

　この間、設備投資の勢いがあったのは、東北、北関東甲信、首都圏、東海、関

西、四国などの地域である。これらの地域では幅広い業種で設備投資額が増加している。特に東北や北関東甲信地域は電気機械（東北）、自動車（北関東甲信）など、北陸地域でも増加をみた機械系の製造業の設備投資額が大きく増加している。これら業種の海外生産が本格化する中にあっても、海外と国内の生産拠点において役割分担がなされ、国内においても一定の設備投資が行われていたことが把握できる。

同時に、北陸地域と東北地域や北関東甲信地域との間で設備投資の勢いに差がみられることから、民間企業の投資地点として北陸地域が東北や北関東甲信地域に後れをとったとみることもできよう。特に、東北地域は東北新幹線の開業（昭和57〔1982〕年大宮－盛岡間暫定開業、昭和60〔1985〕年上野－大宮間開業）を梃子として積極的な企業誘致を行っている。設備投資アンケートでは投資動機は把握していないので、労働集約型の機械系業種での工場立地において新幹線などの高速交通網の整備がどの程度影響しているのかは不明である。ただ、この時期の経済環境と企業誘致動向の分析を行うことは、北陸新幹線の金沢や福井への延伸効果を活かす上で参考になるものと思われる。

5. 減退期（1992～2003年度）の設備投資動向

1990年代前半、土地投機の抑制を目的とした日本銀行による大幅な金融規制を契機としていわゆる「バブル景気」は崩壊し、日本経済は深刻な不況に突入することとなった。全国の設備投資も平成4（1992）年度、平成5（1993）年度、平成6（1994）年度と3年連続で増減率がマイナスとなっている。その後、若干の回復を見るが、平成9～11（1997～99）年度、平成13～15（2001～03）年度、それぞれ3年連続でのマイナスを繰り返すことになる。いわゆる「失われた10年」とも「20年」ともいわれる長期不況を経験することになった。

平成3（1991）年度の水準を100とした名目設備投資指数の推移で、この間の地域別の設備投資動向を表したのが図表8である。

この期間は、民間企業においては、バブル経済期の設備能力拡張の調整（設備削減）、資産・負債の圧縮（バランスシート調整）が行われ、民間金融機関も不良債権の増加により整理・縮小を余儀なくされる金融機関が相次ぐなど、新規設備投資には極めて悪い環境にあった。このため、各地域とも押しなべて設

備投資は減少しており、北陸地域の設備投資額も一進一退ながらも勢いは低下していった。

この間の業種別設備投資額の内訳を示したのが図表9である。各業種とも投

図表8　1991年度から2003年度までの地域別名目設備投資指数推移（1991年度＝100）

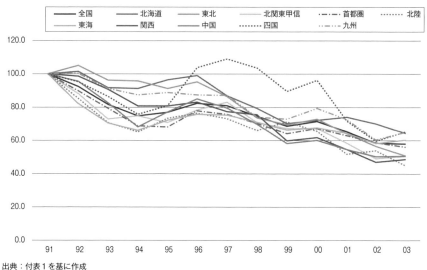

出典：付表1を基に作成

図表9　北陸地域の減退期の業種別設備投資額　（単位：億円）

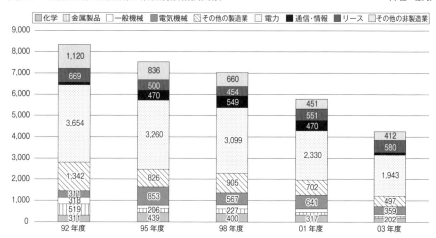

出典：付表2を基に作成

資額は減少しているが、その中でもいくつかの特徴をあげることができる。まず、拡大後期に相対的に活発な設備投資を行っていた電気機械に関しては、この期間においても一定の設備投資を継続しており、北陸地域が生産拠点として一定の地位を確立したとみることができる。また、同様に、化学工業においても毎期200億円前後の設備投資が行われており、電気機械と同様に、北陸地域が生産拠点として一定の評価を獲得したと見ることができるだろう。さらに、非製造業においては、情報・通信業の設備投資が行われている。設備投資の減退期においても、通信各社による通信インフラの整備が着実に行われていると見ることができよう。

6. 再拡大期（2004年度以降）の設備投資動向

　平成13（2001）年のITバブルの崩壊の後遺症も収束、金融機関の再編などが一段落すると、海外需要の拡大に応えるかたちで国内企業の生産活動は再び活発化した。しかし、アメリカのサブプライムローンの焦げ付きを契機に世界的な金融危機が発生し、平成20（2008）年9月のいわゆるリーマンショック後、急激に生産活動は縮小した。平成23（2011）年3月の東日本大震災を経て、継続する円高により、国内での生産活動は厳しさを増してきた。その後、平成24（2012）年12月に発足した第2次安倍内閣の下で日本銀行が大胆な金融緩和措置をとり、一挙に円安となったことから、国内景気は小康状態からやや改善方向で推移している。

　この間の地域別の民間企業の設備投資の動きを平成15（2003）年度の水準を100とした名目設備投資指数の推移で表したのが図表10である。

　平成19（2007）年度までは各地域とも拡大傾向にあるが、リーマンショックの影響から平成20（2008）年度以降設備投資は減少に転じている。その中で、北陸地域の設備投資はいち早く回復し、他の地域を大幅に上回る勢いで拡大している。

　この間の業種別設備投資額の内訳を示したのが図表11である。図表11を見ると、電力業の設備投資のウェイトが低下し、製造業の設備投資ウェイトが大きくなっていることがわかる。製造業はグローバル適地生産を標榜し、海外での生産拠点の整備に注力してきたが、海外生産拠点のマザー工場機能を国内に

も確保する観点から、国内でも一定の設備投資は継続している。電気機械など、北陸地域での設備投資が継続、拡大している背景には、北陸地域の生産拠点においてマザー工場機能の充実が図られている可能性が考えられる。

また、近年の円安から国内生産拠点の再整備を図る動きがある。このような中で、北陸地域は新幹線の金沢延伸（平成27〔2015〕年3月）により首都圏などの既存集積地からの時間距離が大幅に短縮したこともあり、国内生産拠点の再編の中で、機能強化が図られている可能性がある。

北陸地域の設備投資の勢いが他の地域に比べて強いのは、近年の電気機械の設備投資額増加や化学の設備投資額が着実に増加していることが直接の要因であるが、その背景には、北陸地域の生産拠点の機能強化（マザー工場機能の充実）や北陸地域の生産拠点を核とした集約化といった事情があると思われる。設備投資アンケートでは個々の投資内容については把握していないため、この点はあくまで「可能性」の指摘でしかない。「ものづくり」拠点としての北陸地域の特徴を検討するためには、他地域の業種別設備投資動向の分析と併せて、北陸地域の設備投資事例の具体的内容に踏み込んだ検討が別途必要であろう。

図表10　2004年度以降の地域別名目設備投資指数推移（2003年度＝100）

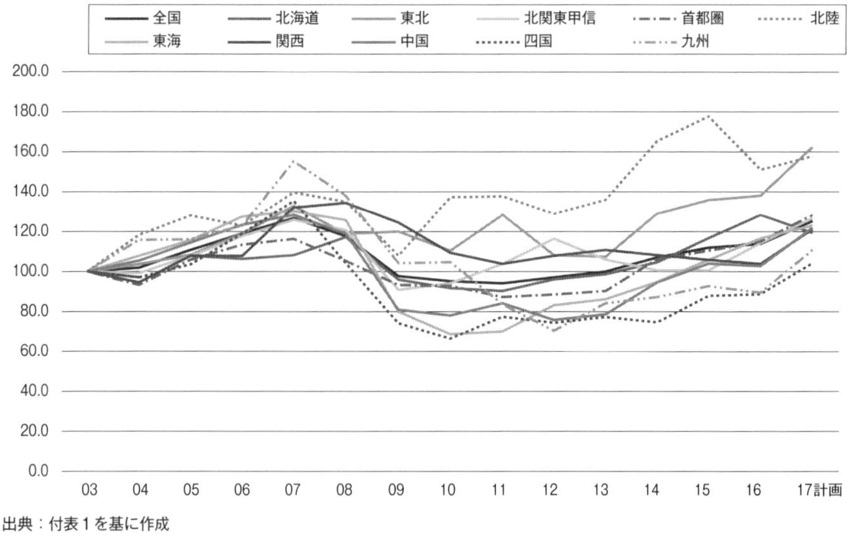

出典：付表1を基に作成

7. まとめに代えて

　北陸地域は、人口は全国2.4％弱程度であるが、一人当たりの県内総生産は全国でも上位にある（図表12参照）。この背景には、これまで着実に整備されてきた民間企業の設備投資の効果もあるものと思われる。

　近年、人口減少を背景に、生産性の向上の必要性が言われているが、北陸3県の就業者一人当たりの県内総生産額（労働生産性）は他県に比べて必ずしも高くはない。生産性の向上には設備投資の果たす役割も大きくなると思われる。今後は設備投資の金額とともにその内容の検討が重要となろう。

　また、近年の設備投資動向をみると、電気機械、化学などの製造業の設備投資が堅調である。これらの産業が北陸地域の有力産業として定着してきたことを示すもので、今後、地域の経済力強化や生産性の向上につながることが期待されるところである。同時に、これらの産業は海外企業との国際競争や海外需要の動向に大きく影響を受ける産業である。これまで、北陸地域は他の地域に比べて景気変動による設備投資の影響は大きくなかった地域とみることができる。しかし、今後、製造業の設備投資ウェイトが増すとともに、これらグローバル経済競争に影響を受けやすい業種が中心となっていることもあり、設備投

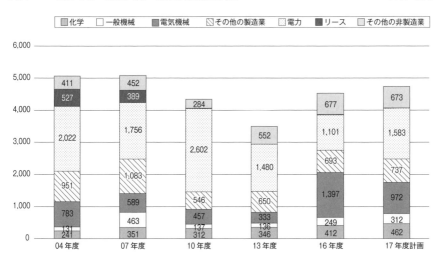

図表11　北陸地域の再拡大期の業種別設備投資額　　　　　　　　　　（単位：億円）

出典：付表2を基に作成

資の変化は従来よりも大きくなる可能性がある。

　その意味では、今後どのようにして地域の成長ないし活性化を図っていくのか、舵取りが難しい時期にきているとも言えよう。特に、電気機械などは、IoT時代にあって製品内容や生産システムが大幅に変わる必要がある。今後も北陸地域で設備投資を活発に行う保証はない訳で、これら現在の主力産業の基盤整備を行うとともに、同時並行的に、電気機械、化学に次ぐ、次世代の基幹産業を育てていく必要がある。そのためには、どのようなことを行わなければならないのか、IoT時代の生産活動には何が重要であるのかなど、設備投資に関係する検討事項は数多い。個々の企業は、生き残りをかけて設備投資を行っていくが、地域の活力の維持、拡大の観点からも、民間企業の設備投資動向の分析が引き続き重要となろう。

図表12　北陸3県の一人当たり県内総生産、就業者一人当たり県内総生産（平成26〔2014〕年度）

	県内総生産		1人当たり県内総生産		就業者1人当たり県内総生産	
	金額（百万円）	都道府県別順位	金額（千円／人）	都道府県別順位	金額（千円／人）	都道府県別順位
石　川　県	4,588,046	29	3,970	12	7,482	28
富　山　県	4,452,554	30	4,162	7	8,291	13
福　井　県	3,129,992	41	3,964	14	7,769	22
全国（平均）	514,296,287	−	4,047	−	8,488	−

出典：内閣府「平成26〔2014〕年度県民経済計算」を基に作成

参考文献

・日本開発銀行調査部編「設備投資動向の概要（1965年度以降）」および「設備投資動向統計集（昭和40年度以降）」『調査』第21号、pp3-141（1978年）
・日本開発銀行調査部編「設備投資動向の概要（1975年度以降）」および「設備投資動向統計集（1975年度以降）」『調査』第147号、pp15-207（1991年）
・日本政策投資銀行編「設備投資計画調査統計集（1990年度以降）」『調査』第50号、pp4-161（2003年）
・日本政策投資銀行　地域別設備投資計画調査一覧HP：
　http://www.dbj.jp/investigate/equip/regional/index.html
　平成29（2017）年12月25日最終アクセス

＊付表1：地域別設備投資増減率長期推移（1965年度～2017年度）

出典：日本開発銀行調査部編（1978年）、日本開発銀行調査部編（1991年）、日本政策投資銀行編（2003年）および日本政策投資銀行地域別設備投資計画調査一覧HP掲載報告書を基に作成

＊付表2：北陸地域業種別設備投資額一覧（1965年度〜2017年度）
出典：1965〜74年度は日本開発銀行調査部編（1978年）より引用。1975〜89年度は日本開発銀行調査部編（1991年）より引用。1990〜2001年度は日本政策投資銀行編（2003年）より引用。2001年度以降は日本政策投資銀行地域別設備投資計画調査一覧HP掲載データより引用

設備投資アンケート調査結果における地域区分

地域	都道府県
北海道	北海道
東北	青森
	岩手
	宮城
	秋田
	山形
	福島
	新潟
北関東甲信	茨城
	栃木
	群馬
	山梨
	長野
首都圏	埼玉
	千葉
	神奈川
	東京
東海	岐阜
	静岡
	愛知
	三重
北陸	富山
	石川
	福井

地域	都道府県
関西	滋賀
	京都
	奈良
	大阪
	兵庫
	和歌山
中国	鳥取
	島根
	岡山
	広島
	山口
四国	徳島
	香川
	愛媛
	高知
九州	福岡
	佐賀
	長崎
	大分
	熊本
	宮崎
	鹿児島

（注）全国は都道府県別投資未回答会社と沖縄県の計数を含む
※　本稿の地域区分はこの表に基づく

付表1 地域別設備投資増減率長期推移（1965年度～2017年度）

(単位：％)

	1965年度	66年度	67年度	68年度	69年度	70年度	71年度	72年度	73年度	74年度	75年度	76年度	77年度	78年度	79年度	80年度	81年度	82年度
全国	▲3.0	4.2	34.0	26.2	19.1	18.3	13.4	▲3.2	18.6	12.0	▲10.3	5.9	▲3.4	10.1	9.3	20.6	8.8	2.8
北海道	▲1.0	2.2	12.0	31.1	22.2	11.8	5.1	1.3	25.7	128.0	8.7	24.4	36.7	10.8	6.3	7.0	8.1	6.9
東北	10.7	▲5.9	30.6	21.7	17.0	34.0	10.9	▲7.9	22.8	36.5	▲15.0	8.7	7.9	35.4	2.1	32.6	6.0	7.9
北関東甲信	0.2	8.3	38.2	49.1	58.0	38.3	29.3	13.6	9.5	27.4	▲20.1	▲0.4	13.3	▲3.9	7.1	32.3	▲0.6	▲4.2
首都圏	4.4	▲1.1	35.5	25.2	16.3	12.7	10.9	▲6.4	18.1	2.6	▲6.2	20.6	▲10.8	14.6	11.8	13.1	15.4	5.7
北陸	▲3.6	33.4	51.2	9.6	24.8	33.1	12.9	14.7	▲32.8	18.3	▲5.8	▲8.6	31.5	17.4	▲15.2	25.5	7.6	▲35.0
東海	13.1	▲4.4	46.8	33.0	18.9	27.4	17.4	▲0.9	▲3.9	26.8	11.6	0.8	17.1	4.3	12.5	27.2	4.9	▲4.6
関西	2.4	14.6	25.5	22.2	16.6	11.0	6.7	2.5	17.5	2.6	▲20.0	▲18.4	▲4.5	6.3	7.5	28.1	9.8	1.3
中国	2.1	21.0	39.8	32.9	12.5	10.8	25.1	▲12.4	23.6	15.4	▲8.8	8.2	▲7.2	13.2	5.3	38.7	11.0	▲11.4
四国	▲10.2	2.3	48.9	7.9	25.2	20.6	34.0	▲21.7	74.1	23.6	▲6.2	▲30.0	0.7	▲6.6	33.6	▲4.5	4.1	▲14.4
九州	▲1.6	1.4	20.2	21.7	20.0	31.8	36.2	▲4.9	5.3	35.9	6.8	21.1	▲31.4	4.7	18.5	11.9	5.9	3.8

(単位：％)

	83年度	84年度	85年度	86年度	87年度	88年度	89年度	90年度	91年度	92年度	93年度	94年度	95年度	96年度	97年度	98年度	99年度	2000年度
全国	2.1	7.6	10.4	7.4	3.2	▲0.7	17.5	15.8	15.4	8.0	▲7.6	▲11.5	▲8.3	2.7	7.0	▲1.5	▲8.0	4.4
北海道	6.0	▲10.4	11.1	25.1	1.4	6.6	▲7.1	0.0	3.0	▲3.0	1.4	▲9.6	▲0.5	5.9	2.7	▲12.4	▲11.3	2.5
東北	3.6	▲5.5	▲10.2	9.9	▲5.2	7.2	22.2	6.8	23.1	17.9	5.0	8.4	▲0.3	4.4	9.2	4.8	5.4	4.8
北関東甲信	7.1	6.7	3.0	▲0.6	▲3.2	6.8	22.8	14.4	20.3	11.4	▲11.7	▲17.2	2.6	4.9	6.1	▲14.7	5.0	0.0
首都圏	1.6	9.7	10.2	3.8	3.6	18.2	23.0	15.5	11.9	▲10.2	▲11.6	▲13.0	▲5.5	10.6	13.9	6.1	5.0	4.8
北陸	13.1	10.2	17.7	▲17.4	14.9	▲27.0	34.5	3.2	11.0	4.2	▲14.7	▲16.8	▲8.2	▲1.0	4.2	▲2.7	7.9	▲8.1
東海	▲15.2	5.4	23.9	7.4	▲2.8	20.0	13.4	18.0	5.8	▲14.7	▲17.7	▲14.2	▲6.3	9.2	▲4.4	▲0.5	▲6.6	2.2
関西	6.9	2.9	6.3	▲0.9	▲1.5	7.0	14.1	17.4	10.4	▲10.2	▲1.3	▲8.0	▲11.1	0.2	5.0	▲7.0	▲20.7	3.1
中国	2.6	13.0	17.4	▲7.4	▲10.8	▲6.6	41.1	4.6	29.5	▲4.4	▲4.4	▲13.5	▲12.4	13.2	6.4	▲12.4	▲16.6	3.4
四国	▲17.4	13.3	5.7	1.0	▲6.6	1.1	18.0	16.9	15.6	2.9	4.6	▲9.2	6.8	28.1	▲5.0	5.0	13.5	7.5
九州	8.0	11.8	5.6	2.2	▲1.1	▲1.1	18.0	1.2	18.1	13.7	0.3	8.9	4.3	1.7	1.5	0.5	▲1.8	8.8

(単位：％)

	01年度	02年度	03年度	04年度	05年度	06年度	07年度	08年度	09年度	10年度	11年度	12年度	13年度	14年度	15年度	16年度	17年度計画	18年度計画
全国	8.8	2.7	▲10.3	▲1.1	1.9	8.8	7.2	▲6.7	▲17.4	▲2.4	▲1.1	3.2	3.0	6.9	4.5	2.2	11.0	10.9
北海道	▲10.3	5.4	▲5.4	▲8.0	▲0.5	3.5	▲1.0	2.0	8.5	3.9	▲3.0	6.5	2.9	11.5	10.0	7.1	▲14.4
東北	▲12.1	▲11.7	▲10.2	3.9	7.9	10.4	11.9	▲10.7	1.5	8.6	16.8	▲15.8	▲0.5	4.8	▲0.1	1.9	17.7	▲12.2
北関東甲信	▲13.0	▲16.1	3.0	0.6	3.5	8.0	6.5	▲4.4	▲24.8	4.1	10.5	12.2	▲9.4	20.4	▲4.3	13.4	11.4	1.8
首都圏	▲6.5	▲6.8	▲4.5	6.1	12.3	8.0	7.7	▲9.5	▲11.3	▲0.3	6.4	1.5	2.5	▲4.6	4.3	4.0	12.0	▲7.5
北陸	▲20.7	3.9	▲16.7	18.6	▲8.0	▲3.8	13.3	3.7	19.9	27.5	0.1	6.2	5.3	21.8	7.1	▲14.9	4.6	▲40.7
東海	5.0	9.6	3.6	6.6	14.1	11.1	1.5	3.2	▲36.7	▲14.0	18.9	3.8	9.7	11.8	10.0	17.6
関西	▲11.6	▲13.9	3.5	▲5.5	9.0	▲0.4	23.3	1.7	▲7.8	▲12.3	▲4.2	3.5	3.0	2.7	▲2.3	2.0	17.2	▲10.3
中国	9.3	▲7.7	0.5	5.4	▲7.5	4.0	▲6.8	▲33.0	▲14.0	7.5	▲10.2	4.3	20.5	9.3	19.1	▲20.1
四国	▲25.4	9.8	9.8	2.8	7.0	13.3	15.0	▲23.6	▲29.2	17.3	9.8	4.4	3.9	3.4	18.2	0.8	17.3	▲10.3
九州	8.3	▲17.0	7.8	16.0	0.1	5.8	26.5	▲11.4	24.7	▲20.0	17.3	▲15.6	19.6	6.6	4.2	25.2	11.3

付表2 北陸地域業種別設備投資額一覧（1965年度～2017年度）

(単位：億円)

第6章 民間企業設備投資アンケート結果から見た北陸の50年の歩み 97

第7章
北陸企業の海外進出の特徴と推移

金沢星稜大学　奥村　実樹

1．はじめに

　本稿では、北陸に本社を置く企業の海外進出状況を、その進出初期まで時代をさかのぼって入手可能な資料を検討し、その進出に関わる特徴を経営環境・経営戦略も踏まえ考えていくことを意図している。

　企業が海外進出を考える際の進出動機としては、その国の社会的問題を解決したい、あるいは特定の地域への昔からの関心などの「経営者の思い」、進出先国との貿易摩擦回避や、開発援助・技術供与の要請などの「政治的な原因」も事例としてあるが、ほとんどが次の2つに属する。それは、「市場の開拓」と「コスト削減」である。

　この2つの要素は、海外という要素を取り除いて考えると、結局、「市場の開拓」＝「売上げを伸ばす」であり、「コスト削減」＝「経費を下げる」という企業経営にとっての非常に根本的なものである。そのため、企業の海外進出は、企業経営の選択肢として、ごく自然なものと考えることができよう。

　本稿の構成として、2節の「北陸企業の海外進出状況」では、輸出を含めた現在の海外進出規模（全国と比較して）と、業種別・進出国別でみた現在の海外進出状況を確認した後、資料入手可能であった平成5（1993）年から現在までの進出件数の推移を検討する。3節の「北陸の特徴ある海外進出企業」では、北陸企業の海外進出について、企業単位での進出状況に触れながら、そこからうかがえる経営上の意図を探っていく。最後の「おわりに」では、それらを踏まえ、北陸企業の海外進出の特徴と今後について考えられる点を指摘し考察する。

2．北陸企業の海外進出状況
（1）北陸企業の海外進出規模

　まず、北陸の経済規模を、国内総生産と県内総生産の比較により確認する。続いて、北陸企業の輸出規模の大きさを、その輸出額の国内に占める割合から確認する。その後、それらを踏まえ、北陸企業の海外進出に関する規模を考えていく。

　内閣府による国民経済計算によると、平成26（2014）年度の国内総生産（名目）は、518兆4,685億円である。それに対して北陸の各県の国内総生産（名目）は、石川県が4兆5,880億円（全国比0.88％）、富山県が4兆4,453億円（全国比0.86％）、福井県が3兆1,300億円（全国比0.6％）となっている。北陸3県合計では、12兆1,633億円となり全国比2.3％となる。

　次に、北陸の輸出規模について見ていく。平成29（2017）年度の日本の輸出額は78兆2,865億円（財務省発表）である。それに対して北陸各県の平成28（2016）年度の輸出額は、大阪税関発表の数字によると、石川県は、過去最大となった2,188億円、富山県1,857億円、福井県961億円で、北陸の総輸出額としては、5,006億円となるが、全国と比較すると、わずか0.64％にすぎないことになる。

　しかし、この数字は税関調べである。石川県を例に挙げると、金沢港と七尾港といった県内の場所での取引が集計されているため、他県からの輸出は計算されないことになる。実際、平成28（2016）年1～12月を調査期間としたJETRO（ジェトロ）金沢による、『石川県貿易・海外投資活動実態調査』によると、アンケートに回答した輸出実績がある企業のその期間の輸出総額は2,425億円と、同じ年の石川県の税関での数字、1,710億円よりも1.42倍高いものとなっている。しかし、前の段落で示した5,006億円という税関調べの北陸の総輸出額を1.42倍してみても7,109億円にすぎず、全国の数字と比較すると約0.9％にすぎない。

　これらを踏まえ、次に、海外に子会社や事業所を設けるなどといった海外進出の状況を確認していきたい。ただし、先の国内・県内総生産や輸出といった貿易の数字と異なり、方法としては各企業からのアンケートなどの聞き取りによるもので、数字的にも企業の経営活動に関わるため、企業からの回答が非公表の場合も多い。

分析に用いることができる継続的に調査された資料は、東洋経済新報社から昭和48（1973）年に発行され、引き続き現在まで毎年刊行されている『海外進出企業総覧』と、各県のJETROが自ら出していたり関わっていたりする調査報告書とになる。本稿全体で用いる数字は、それらの資料と、各企業のHP記載データや有価証券報告書を用い補足したものである。

　『海外進出企業総覧＜会社別編＞2017年度版』から北陸企業の海外進出数を見ると、全国の海外進出件数3万4,043件に対し、富山県148件、石川県94件、福井81件となっており、3つを足した北陸は323件。その割合は、0.95％と先の修正した輸出額と近い数字となっている。

　改めて上記の数字をまとめると、北陸は全国比で見て、経済規模では2.4％、輸出額では0.9％、海外進出拠点数では0.95％となる。後者の割合が少ないことから、海外での取引より国内での取引の方が盛んということが見てとれる。

（2）北陸企業の業種別海外進出状況（2015年）

　次に、現時点での北陸の企業の海外進出状況について確認をしていく。元となる数字は『海外進出企業総覧＜会社別編＞2016年版』にて、北陸に本社がある企業が所有する出資比率20％以上の現地法人数である。図表1、図表2ともに、現地法人数を～拠点、その拠点を所有する本社の数を－社と、同じ記載形式にし、参考資料も同じものを利用した。これにより、どのような業種の企業が多く海外進出しているのかを確認することができる[注i]。

　図表1から、企業の海外進出の中心となっている業種が製造業であることが分かる。これは、①生産拠点を海外に設け、製造の効率化を図ることに進出目的を置いていること、②北陸の製造業に部品関連企業が多く、その販売先が特定の企業である場合が多いため、製造拠点で販売業務も対応可能（卸売業者が不要）なこと、が主要な理由として考えられる。

　また、その製造業の内訳をみると、石川と富山の機械、電気機器、福井と石

（注i）　なお、今回の表の数字元となる東洋経済新報社の『海外進出企業総覧』では、巻末、あるいは巻頭に企業数が載った表が掲載されているが、数字の掲載基準・根拠が明らかでない面（製造と卸売の掲載基準など）があり、今回、確実に実態がわかるものの数を数えた。

川の繊維・衣服、福井の精密機器(眼鏡関連も含まれる)といった業種が多い。ここから、もともと北陸各県で盛んであり企業数も多い業種が、海外進出数も多いことが見てとれる。

(3) 北陸企業の国別海外進出状況

続いて、北陸の企業による進出先国別の特徴を見ていく。アジア、ヨーロッパ、北南米、オセアニアの順に記載した。

図表2をみると、各県とも中国への進出比重が際だって高いことがうかがえる。富山県は、40社中23社(58%)で143拠点中51拠点(36%)、石川県は26社中17社(65%)で86拠点中23拠点(27%)、福井県は29社中8社(28%)で69拠点中19拠点(28%)となっている。また、富山県、福井県では、香港への進出件数も非常に多いことが見てとれる。

図表1　北陸企業の業種別海外進出状況(2015年)

	富山県 40社(143拠点)	石川県 26社(86拠点)	福井県 29社(69拠点)
建設		5社(1拠点)	
食料品	2社(4拠点)	1社(1拠点)	
繊維・衣服	2社(9拠点)	5社(5拠点)	6社(23拠点)
パルプ・紙	1社(3拠点)		
化学	3社(28拠点)		2社(14拠点)
医薬品	3社(8拠点)		
ガラス・土石		1社(2拠点)	
鉄鋼		1社(1拠点)	
非鉄金属	3社(5拠点)		
金属製品	3社(13拠点)		1社(4拠点)
機械	7社(25拠点)	6社(30拠点)	2社(7拠点)
電気機器	6社(24拠点)	4社(20拠点)	1社(4拠点)
輸送機器	3社(7拠点)		
精密機器	1社(1拠点)		2社(9拠点)
印刷	1社(1拠点)	1社(1拠点)	
その他製造		2社(6拠点)	
総合卸売		1社(10拠点)	
繊維・衣服卸売		1社(1拠点)	1社(1拠点)
化学卸売			2社(3拠点)
鉄鋼・金属卸売	2社(5拠点)		
電気機器卸売		2社(2拠点)	
専門店			1社(1拠点)
貨物運送	1社(4拠点)		
情報・システム	1社(5拠点)	1社(2拠点)	1社(3拠点)
不動産	1社(1拠点)		

出所:東洋経済新報社『海外進出企業総覧<会社別編>2016年版』を基に筆者作成。

(4) 海外進出拠点数の変化（1993～2016年）

　ここでは、北陸の企業の海外進出を1990年代前半から現在までを時系列で確認している（図表3）。資料は、これまで同様、東洋経済新報社の『海外進出企業総覧』を用いているが、数字には図表1、図表2と異なり、支店・駐在員事務所の数も加えたものを用いている。

　なお、同書は、1973年度版（1972年調査）が第1号となり現在まで毎年発行されている。今回、この表の作成にあたって、県別の進出状況が初めて掲載された1993年版（1992年調査）から、入手可能な最新号の2017年版（2016年調

図表2　北陸企業の国別海外進出状況（2015年）

	富山県	石川県	福井県
	40社（143拠点）	26社（86拠点）	29社（69拠点）
韓　　　　国	1社（ 1拠点）	1社（ 1拠点）	2社（ 3拠点）
中　　　　国	23社（51拠点）	17社（23拠点）	8社（19拠点）
香港（中国）	6社（ 6拠点）	1社（ 1拠点）	7社（ 8拠点）
台　　　　湾	2社（ 2拠点）	2社（ 2拠点）	2社（ 2拠点）
ベ ト ナ ム	4社（ 4拠点）	2社（ 2拠点）	1
タ　　　　イ	17社（27拠点）	7社（10拠点）	8社（ 8拠点）
ベ ト ナ ム		2社（ 9拠点）	2社（ 2拠点）
シンガポール	7社（ 8拠点）	7社（ 8拠点）	2社（ 2拠点）
マ レ ー シ ア	3社（ 3拠点）	1社（ 1拠点）	1社（ 1拠点）
フ ィ リ ピ ン	3社（ 3拠点）		
インドネシア	3社（ 3拠点）	1社（ 1拠点）	2社（ 2拠点）
イ ン ド	3社（ 3拠点）	2社（ 2拠点）	1社（ 1拠点）
バングラデシュ			1社（ 1拠点）
スウェーデン		1社（ 1拠点）	
イ ギ リ ス	2社（ 1拠点）	2社（ 2拠点）	2社（ 2拠点）
フ ラ ン ス			1社
ベ ル ギ ー	1社（ 1拠点）		
ド イ ツ	4社（ 4拠点）	2社（ 4拠点）	2社（ 3拠点）
ス イ ス		1社（ 1拠点）	
オーストリア		1社（ 1拠点）	
イ タ リ ア		1社（ 1拠点）	1社（ 1拠点）
ア メ リ カ	10社（10拠点）	13社（ 8拠点）	7社（ 7拠点）
カ ナ ダ			1社（ 1拠点）
メ キ シ コ	1社（ 1拠点）	1社（ 1拠点）	1社（ 1拠点）
ブ ラ ジ ル		1社（ 2拠点）	1社（ 1拠点）
オーストラリア	1社（ 2拠点）		
ニュージーランド	1社（ 1拠点）		

出所：東洋経済新報社『海外進出企業総覧＜会社別編＞2016年版』を基に筆者作成。

査）の間の25冊を参照している(注ⅱ)。

　図表3からまず、全国では、平成4（1992）年の約1万4,000拠点からほぼ毎年増え続け、平成28（2016）年には約3万4,000に達していることがわかる。同様に、北陸の各県も注で述べたように、福井県の平成9（1997）年、平成5（1993）年、平成6（1994）年、平成22（2010）年、平成27（2015）年の特殊な数字を除い

（注ⅱ）　特に福井県で、平成9（1997）年など年度により数字のばらつきが大きい箇所がある。資料元の東洋経済新報社編集部に問い合わせたところ、「ミスプリントではない」とのことであったが、実際に同書で、当該年度の掲載企業数を1社ずつ数えた数字とは乖離があること、また、ジェトロ福井と福井県国際経済課から「このような増減につながる動きは思い当たらない」との回答を得たことからも、当該数字参照の際は注意いただきたい。

図表3　北陸企業の海外進出件数の推移（1992～2016年）

	富山	石川	福井	北陸	全国（本社企業数）
1993年	36	20	91	147	14,205（2,950社）
1994年	36	23	91	150	15,165（3,100社）
1995年	41	26	32	99	16,041（3,680社）
1996年	50	30	35	115	16,939（3,617社）
1997年	63	47	180	290	23,990（3,920社）
1998年	70	41	64	175	23,010（3,943社）
1999年	77	54	66	197	25,005（3,851社）
2000年	74	51	70	195	24,490（3,847社）
2001年	68	52	72	192	23,825（3,786社）
2002年	66	54	72	194	23,909（3,759社）
2003年	68	51	75	219	24,742（3,916社）
2004年	83	58	78	233	24,799（3,924社）
2005年	89	65	79	238	25,316（4,022社）
2006年	91	67	80	240	25,210（3,998社）
2007年	91	66	83	222	25,758（4,094社）
2008年	87	61	74	224	25,441（3,982社）
2009年	90	59	75	236	25,702（3,988社）
2010年	84	58	94	236	25,811（3,994社）
2011年	86	62	73	221	26,556（4,027社）
2012年	104	67	78	249	27,828（4,131社）
2013年	116	71	81	268	29,306（4,359社）
2014年	121	75	86	282	30,106（4,353社）
2015年	141	86	91	318	32,039（4,776社）
2016年	151	90	78	319	33,260（4,846社）
2017年	148	94	81	323	34,043（4,862社）
〃（本社数）	（43社）	（29社）	（22社）		

出所：東洋経済新報社『海外進出企業総覧』1993年度版から2017年度版毎年度の巻頭または巻末表の数字を基に筆者作成。

ては、ほぼ毎年、全国と同様に数が増え続けている。このことから、日本や世界の大きな経済変動などの動きに反応し数字が変わるというより、単純に年を経るごとに進出数が増加しているという傾向がみられた。いったん進出し、そこで工場など支社を設けた場合、従業員や地域社会への責任が発生するため、拠点を設けたらそこで、腰を据えて経営していこうという方向性が生じるのだろう。

3. 北陸の特徴ある海外進出企業
(1) 進出年順に見る石川県・富山県の海外進出企業

石川、富山両県の海外進出状況を年次順に並べてみた資料が図表4と図表5である。1980年代に進出が多い石川県は1990年代前半まで（図表4）、富山県は2000年代前半（図表5）まで掲載した。

図表4は、ジェトロ金沢が、平成12（2000）年から毎年作成しHP上などで公表している石川県の海外進出状況をその進出年度順に並べたものである[注iii]。図表5は、富山県新世紀産業機構　環日本海経済交流センターによる『平成27年度　富山県企業海外展開実態調査』内の「海外事業所一覧表（国別）」を、進出年次順に並び替えたものである。なお、ジェトロ福井をはじめとする、ジェトロ関連で公開されている福井県の個別進出企業情報は見つからなかった。福井県企業の事例は、後ほど、別資料から検討したものを示す。

図表4、図表5の時系列に並んだ石川・富山の両県の進出企業から気付くことは、進出先国として現在、最も多い中国への進出が、どの時期からはじまり増加していくかを確認できることである。石川県ではPFUとヤギコーポレーションにより平成4（1992）年から増加が始まり、平成6（1994）年には進出件数9つのうち7つが中国となっている。富山では、平成6（1994）年の日本カーバイド工業[注iv]、北陸銀行の事例を皮切りに、平成7（1995）年には進出件数6件中、

(注iii)　ジェトロ金沢HP『石川県貿易・海外投資活動実態調査』内「石川県内企業の海外進出状況について」より。なお、HP上で公開されている平成28（2016）年分以外は、同機関から提供いただいた。

(注iv)　同社は富山発祥であり、富山に主要工場を残しているが、本社自体はすでに東京に移転している（同社のHPより）。

4件が中国本土で残り2件が香港となっている。

(2) 初期（1960〜80年代前半）に積極的な海外進出を見せた北陸企業

　1960〜70年代という海外での操業がまだ一般的でなかった時代。石川県の企業で、この早い時期に海外進出していたのが、どちらも100年以上の歴史があるニッコー（石川県白山市）と高山リード（石川県金沢市）である。

　ニッコーは、洋食器など陶磁器を扱う事業を中心に発展し、現在は環境関連製品事業もおこなう企業である。明治41（1908）年に日本硬質陶器株式会社として誕生した同社は、その主力製品であるデザイン性あふれた陶磁器の新市場開拓として、昭和43（1968）年にアメリカのニュージャージ州に、同社製品の普及を目的としたショールームのある陶磁器食器の直販会社を設ける。平成10（1998）年時は、従業員30人（うち日本人2人）、売上1759万ドル（約21億円）を上げており、アメリカでのニッコーブランド確立に貢献してきた。

　その後、大規模な生産拠点も海外に設けようと、昭和48（1973）年にマレーシアに従業員400人、売上高1,324万RMの製造拠点を、複数の地元企業が70％を出資する合弁企業として設立する。昭和45（1970）年前後に、製造と販売の両拠点を海外に築こうとしたことがうかがえる。

　その後の海外進出状況は、1990年代に入り、平成3（1991）年にタイに製造拠点を、平成5（1993）年に今度は販売拠点をシンガポールに設けた（従業員9人、売上227万S$、1998年時）が、現在の同社の海外進出状況は、販売拠点のみを残し、昭和48（1973）年設立のマレーシア、平成3（1991）年設立のタイといった製造拠点は共に閉鎖している。これは、現在の同社が、「Made in Japanのこだわり」といったテーマを掲げていることと関連していると思われる。すなわち、海外生産による売上拡大よりも、ブランド価値の確立を優先するという経営方針である。

　なお、同社の主要海外販売拠点に関して、平成10（1998）年度から平成27（2015）年度の従業員数、売上高の変化をみてみる。アメリカでは、従業員30人、売上高1,759万US$から、従業員10人、売上高256万US$へと大幅に減少する一方、シンガポールでは、従業員9人、売上高227万S$から、従業員60人、1,036万S$と大幅に増加している。このことから、アメリカ→シンガポールに

図表4　進出年順に見る石川県の海外進出企業

【1960～70年代】

1968年	ニッコー	アメリカNJ	販売
1972年	高山リード	韓国	製造・販売
1973年	ニッコー	マレーシア	製造
1974年	高山リード	タイ	製造・販売
1975年	新家工業山中工場	インドネシア	製造

【1980年代】

1980年	中村留精密工業	アメリカMA	その他（駐在員事務所）
1983年	高山リード	マレーシア	製造、販売
1984年	高山リード	台湾	製造、販売
1984年	日成ビルド工業	シンガポール	製造
1985年	ナナオ（EIZO）	アメリカCA	販売
1986年	スギヨ	アメリカWA	製造
1987年	共和工業所	アメリカOH	販売（駐在員事務所）
1987年	カタニ産業	シンガポール	情報収集（駐在員事務所）
1988年	北國銀行	アメリカNY	その他（駐在員事務所）
1989年	アサイ産業	カナダ	製造
1989年	松本機械工業	アメリカID	製造・販売・技術指導

【1990年代前半】

1990年	サンエス	インドネシア	製造
1990年	スギヨ	マレーシア	製造・販売
1990年	デスタン	中国・案徽省	製造
1991年	澁谷工業	アメリカCA	販売
1991年	ニッコー	タイ	製造
1991年	金沢貿易	中国・広東省	製造
1991年	カタニ産業	マレーシア	製造
1992年	オリオン産業	香港（中国）	製造
1992年	川西電器	中国・深圳	アカウント（駐在員事務所）
1992年	北村製作所	アメリカTN	製造・販売
1992年	ナナオ（EIZO）	スウェーデン	販売
1992年	日成ビルド工業	台湾	製造
1992年	PFU	中国・上海	販売・ソフト開発
1992年	ヤギコーポレーション	中国・江蘇省	製造・販売
1992年	ハチバン	タイ	販売
1993年	アイ・オー・データ機器	アメリカCA	販売（駐在員事務所）
1993年	オリオン産業	中国・広東省	製造・販売
1993年	川西電器	香港（中国）	製造
1993年	中村留精密工業	ドイツ	販売・技術指導
1993年	ニッコー	シンガポール	販売
1993年	前垣	中国・福建省	製造
1993年	明石合銅	スイス	情報収集（駐在員事務所）
1994年	アサイ産業	中国・天津	製造
1994年	アサヒ装設	韓国	製造・販売
1994年	石川可鍛鋳鉄	中国・江蘇省	製造
1994年	片岡機械工業	中国・上海	製造
1994年	PFU	シンガポール	設計
1994年	鮒田産業	中国・深圳	製造
1994年	マルト印刷工業	中国・上海	製造・販売
1994年	金沢貿易	中国・浙江省	製造
1994年	さくら井	中国・福建省	取次（駐在員事務所）

出所：ジェトロ金沢『石川県内企業の海外進出動向』2000～2003年、2015年版を基に筆者作成。

図表5　進出年順に見る富山県の海外進出企業

【1960〜70年代】
1961年	武内プレス工業	タイ	生産・販売
1977年	北陸銀行	アメリカNY	駐在員事務所
1979年	北陸電気工業	シンガポール	販売

【1980年代】
1980年	GRN	シンガポール	販売、メンテナンス
1984年	富士製薬工業	タイ	生産、研究開発、企画
1988年	立山科学グループ	マレーシア	製造
1988年	日本カーバイド工業	タイ	生産、販売
1988年	日本カーバイド工業	タイ	生産、販売、研究開発

【1990年代】
1990年	碓井製作所	タイ	生産
1991年	タカノギケン	タイ	生産、販売
1991年	日本カーバイド工業	ドイツ	販売
1991年	日本カーバイド工業	アメリカ	販売
1992年	伏木海陸運送	ロシア	販売、市場開拓
1992年	日本カーバイド工業	オランダ	販売
1992年	日本カーバイド工業	フランス	販売
1992年	日本カーバイド工業	スペイン	販売
1994年	日本カーバイド工業	中国・杭州	生産、販売、研究開発
1994年	北陸銀行	中国・上海	－
1994年	立山科学グループ	マレーシア	生産
1994年	北陸電気工業	マレーシア	生産
1994年	日本カーバイド工業	インドネシア	生産、販売
1994年	ビニフレーム工業	インドネシア	生産
1995年	旭工業	中国・紹興	生産
1995年	黒田化学	中国・深圳	生産
1995年	タカギセイコー	中国・佛山	生産、販売、設計
1995年	中部工営	中国・上海	販売・メンテナンス
1995年	黒田化学	香港（中国）	販売
1995年	タカギセイコー	香港（中国）	販売
1997年	日本抵抗器製作所	中国・上海	販売
1997年	北陸銀行	シンガポール	－
1997年	日本カーバイド工業	ベトナム	生産・販売
1997年	立山科学グループ	ハンガリー	設計
1998年	伏木海陸運送	中国・大連	販売、市場開拓
1998年	東亜電工	台湾	生産、その他
1999年	日本カーバイド工業	アメリカ	生産、その他

【2000年代前半】
2001年	三晶技研	中国・珠海	生産
2001年	タカギセイコー	中国・上海	生産、販売
2001年	日本抵抗器製作所	中国・上海	生産
2002年	タカギセイコー	中国・大連	生産、販売、設計
2002年	北陸電気工業	中国・上海	販売
2002年	立山科学グループ	香港（中国）	販売
2002年	立山科学グループ	タイ	生産
2003年	インテック	中国・武漢	生産
2003年	黒田化学	中国・蘇州	生産
2003年	富源商事	香港（中国）	販売、調達
2003年	コージン	インドネシア	生産、販売
2003年	タカギセイコー	インドネシア	生産、販売

販売の重点を移したように思われる[注v]。

一方、高山リードは、国内約70%のシェアを占める繊維機械部品のリード（おさ）を製造する企業である。大正4（1915）年創業で、リードの修理を手掛ける事業から始まり、昭和15（1940）年からリード製造に乗り出している。

昭和47（1972）年に韓国に、昭和49（1974）年にはタイに製造・販売拠点を設けている。規模的には、韓国が従業員43人、タイが49人、さらに売上高は、4,881万B（1997年時）である。当時の本社自体が、従業員41人、売上高約8億5,000万円であることを考えると、海外拠点に大きな比重をかけていることが見てとれる。

その後も、昭和58（1983）年にマレーシア、昭和59（1984）年に台湾（その後、撤退）と、積極的なアジアへの進出が見られた。マレーシアは現在も操業を続けているが、従業員6人（平成9〔1997〕年時）という小規模なものである。さらに、平成7（1995）年にインドネシアに従業員37人（平成9〔1997〕年時）の製造・販売拠点を設け、平成14（2002）年になって中国の方に従業員57人（平成26〔2014〕年時）の製造・販売拠点を設けた。

同社は、進出の際には出資形態は常に、現地企業との合弁を用いていた[注vi]。海外拠点でもっとも活用される中国に頼ることなく、アジア各国に順次拠点を設けるなど、早い段階から海外進出を検討・実行してきた企業ならではの方針がうかがえる[注vii]。

(3) 海外進出パターンごとにみる北陸の企業

海外進出をおこなっている企業でも特徴的な進出形態をとる企業がある。企業の経営戦略がその進出形態に表れるからである。

先にも用いた資料、『海外進出企業総覧2016年版』の数字、各企業のHP、有価証券報告書を基に、海外進出の意図や、その狙う効果について考えていきた

(注v)　ニッコーHPならびに、『海外進出企業総覧1999年版』と『同書2016年版』参照。
(注vi)　マレーシアでは後に出資割合を増やし単独出資になる。
(注vii)　高山リードHPならびに、『海外進出企業総覧1999年版』と『同書2016年版』参照。

い。複数の海外拠点を持つ企業ばかりであり、日本の本社を含めたそれぞれの拠点の役割の持たせ方などにも企業ごとに特徴が見られる。

本節では、北陸の7企業を4つの海外進出パターンに当てはめながらその経営戦略上の意図も読み取っていきたい。図表のような表記の仕方をしていくが、その各項目の意味は次の通りである。

本社企業名／本社所在地／業種／上場状況・従業員数・連結売上高／進出国(拠点)数
　　　　　　　　　　　　　　　　　　　　　　　　　　　　　海外売上比率　％
進出国／進出年／従業員（内派遣者）／売上高（連結）／具体的な事業内容

【特定の国に集中した進出をおこなう北陸企業】

①アタゴ　　福井市　　繊維・衣服　　未上場・227人・77億円（2015.4）　1カ国5カ所

中国①青島	1997年	1,136(2)人	1億1,843万元	ニット製品の製造
中国②青島	2003年	961(2)人	1億2,430万元	ニット製品の製造
中国③上海	2004年	6(0)人	430万元	繊維関連製品の仕入販売
中国④青島	2006年	560(2)人	7,800万元	ニット製品の製造
中国⑤青島	2013年	10(3)人	1億2,350万元	繊維関連製品の仕入販売

＊数字は2014年12月時点。

アパレル用ニット製品・ニット生地を扱う同社は、福井市のテキスタイル工場に加え、中国国内の青島に3つの大規模な製造拠点を集中させている。その青島に製造したものを販売する拠点も設け、さらに同じ中国内の上海に販売拠点も設けている。

②大同工業　　加賀市　　機械　　上場・613人・446億円（2015.3）　8カ国13カ所
　　　　　　　　　　　　　　　　　　　　　　　　　　　　　（海外売上比率51％）

中国・江蘇省	2005年	98(5)人	1億120万元	コンベヤの設計・製作・販売
ベトナム	2010年	8(1)人	1,623億D	二輪車用チェーンの輸入・販売
タイ①	1997年	458(7)人	21億B	オートバイ用チェーンの製造・販売
タイ②	2003年	141(2)人	5億2,181万B	物流システム等の販売・製造・サービス
タイ③	2005年	48(3)人	8億2,720万B	モーターサイクルチェーン、カムチェーンの販売・輸出
タイ④	2009年	67(1)人	1億187万B	精密機械、搬送機械の製造・販売
インドネシア	2001年	309(5)人	2,030万US$	オートバイ用スチールリムの製造・販売
インド	2010年	201(4)人	5億7,271万Rs	二輪車用チェーンの製造・販売
イタリア	－	9(1)人	1,000万Eur	二輪・四輪車の部品の購入・販売
アメリカ①	2002年	43(2)人	2,852万US$	チェーン、リム等の二輪車部品の販売
アメリカ②	－	8(2)人	87万US$	二輪車ホイールの製造・販売
ブラジル①	1973年	－	4,301万R$	二輪・産業機械用チェーンの製造販売

| ブラジル② | 2007年 | − | 3,070万R$ | 二輪車用ドライブチェーンの製造・販売 |

＊数字は2014年12月時点（インドのみ2015年3月）。

　出資形態は自社の単独出資が多いが、タイに関しては、①②④にて約50％の出資にとどめている。オートバイなど二輪のチェーンやリムホイールを世界市場に向けて製造・販売する同社は、平成29（2017）年度の有価証券報告書によると、従業員数割合は日本769人、アジア1020人、北米85人、南米239人、欧州9人とある。日本から製造設備や部品を仕入れ、タイを中心としたアジアと南米のブラジルにて、チェーンなどの製品を製造していると考えられる。特にタイでは、日本の自動車、バイクメーカーが多く進出していることに加え、地元タイのバイクメーカーも成長している。タイのバイク需要は大きく、川崎重工業など日本メーカーもタイ市場向けのバイクを同国の製造拠点で生産していることも、大同工業が当地を重視する理由が分かる。

③三谷産業	金沢市	総合卸売	上場・465人・674億円（2015.3）	3カ国10カ所
ベトナム①	1998年	46(3)人	5,861億D	化学品の製造・販売、コンサルティング
ベトナム②	2001年	224(1)人	876億D	空調設備工事、住宅機器、家具設計
ベトナム③	2001年	61(1)人	510億D	ソフトウェア開発
ベトナム④	2002年	960(3)人	2,776万US$	車載用樹脂成形品、電子部品製造販売
ベトナム⑤	2008年	63(2)人	6億1,126万円	キチン分解物の製造
ベトナム⑥	2012年	2(1)人	−	輸入化学品受入タンク、倉庫基地運営
ベトナム⑦	2014年	5(1)人	−	ベトナム子会社の業務・人事労務管理
ベトナム⑧	2015年	−	−	樹脂成形品、複合ユニット製品の製造
シンガポール	1995年	0(0)人	−	海外子会社に対する投融資
アメリカ	1997年	0(0)人	−	コンピューター産業の先端技術情報

＊数字は2014年3月時点。

　同社は、総合卸売となっているが、上に示したように、化学品を中心に空調設備工事、樹脂・エレクトロニクス、情報システム、エネルギーと手掛ける。ベトナムでは、塩酸、硫酸など基礎化学品が保有可能なタンク工場、樹脂・エレクトロニクス製造や、ベトナム現地日系企業からのシステム開発案件を受注している。

　『海外進出企業総覧』では、シンガポール、アメリカに拠点となっているが、同社のHPなど資料によるとそれらは機能していないため、海外拠点はベトナムに完全に集中している。また、ベトナムは、中国やタイのような2010年代の人件費高騰影響をそれほどまだ受けてはいない。同社は、ベトナムのハノイ、

ハイズンとホーチミン、ドンナンの4地区に広く拠点を設け、今後もベトナム拠点拡大を強く志向している。

【2国に集中して進出している北陸企業】
④助野　　高岡市　　繊維・衣服　　未上場・299人・174億円単独（2015.5）　3カ国7カ所
　　中国①北京　　1991年　　600(2)人　　　－　　　　靴下の製造・輸出
　　中国②北京　　2001年　　 50(0)人　　　－　　　　靴下の製造・輸出
　　中国③北京　　2004年　　 55(0)　　　　　　　　　FTYカバーリングヤーンの製造
　　中国④北京　　2009年　　220(1)人　　　　　　　　靴下の輸出
　　タイ①　　　　1988年　　230(4)　　　　　　　　　靴下の製造・輸出
　　タイ②　　　　2001年　　850(4)　　　　　　　　　靴下の製造・輸出
　　アメリカCA　 2007年　　　3(1)人　　　　　　　　 靴下の販売
　　＊数字の出所年時は明確な記載ないが2015年5月以前。

同社は、昭和63（1988）年にタイ、平成3（1991）年に中国・北京にと早い時期から海外進出を志向していた。特に、先の図表4と図表5からもわかるように、中国への進出がよく見られるようになっていくのは、石川県も富山県も平成6（1994）年からであった。同じ北京に平成13（2001）年、平成16（2004）年、平成21（2009）年と拠点を増やしていったことを考えると、平成3（1991）年の時点で同地に拠点を初めて設けたのは、同社の大きな経営判断であったと推測できる。

【巨大製造拠点を1カ所設ける形をとる北陸企業】
⑤シャルマン　　鯖江市　　精密機器　　未上場・281人・121億円単独（1997.12）
　　　　　　　　　　　　　　　　　　　　　　　　　　　　6カ国8カ所（1997年時）
　　香港(中国)①　1989年　　　25(5)人　　4,432万HK$（6億9千万円）　眼鏡フレームの販売
　　香港(中国)②　1992年　　　 9(5)人　　5,978HK$（9,300万円）　　 眼鏡フレームの販売
　　香港(中国)③　1992年　　2,212(17)人　2.95億HK$（46億円）　　　 眼鏡フレームの製造
　　イギリス　　　1994年　　　24(1)人　　265万£stg.（6億円）　　　 眼鏡フレームの販売
　　ドイツ　　　　1988年　　　 (3)人　　5,545万DM（40億円）　　　 眼鏡フレームの販売
　　フランス　　　1999年　　　　　　　　　－　　　　　　　　　　　 眼鏡フレームの販売
　　アメリカ　　　1982年　　　163(3)人　 5,151万US$（67億円）　　　 眼鏡フレームの販売
　　メキシコ　　　1997年　　　 15(0)人　 307万MXP（4,600万円）　　 眼鏡フレームの販売
　　＊数字は1997年12月時点。2014年時の数字が非公表のため。なお、円表記は、各通貨の1997年当時の為替レートで計算した。

平成18（2006）年に中国上海に眼鏡フレーム販売会社を設立。現在メキシコの拠点は閉鎖している。同社の海外拠点の数字がわかる年代のものを利用した。

なお、同社HPによると、ショールームをニューヨークと福井に、デザイナーを配置するデザインオフィスを東京、ミラノ、パリ、ニューヨーク、香港、福井に設けている。また、現在の同社は、従業員比率で見ると、日本578人、アジア1,148人、ヨーロッパ107名、アメリカ115名となっており、上記1990年代からの、「日本とアジア（巨大な）に製造拠点　販売は世界で展開」という経営方針をとっている。

【販売拠点を世界中に設ける形をとる北陸企業】
⑥エイチアンドエフ　　　あわら市　機械　上場・371人・240億円（2015.3）　4カ国4カ所
　　　　　　　　　　　　　　　　　　　　　　　　　　　　　　　　　　　海外売上比率70％
　タイ　　　　　2005年　　11（0）人　　－　　プレス・金属加工機などの販売・アフターサービス
　マレーシア　　1997年　　 4（0）人　　－　　プレスの裾付・運転・点検修理・部品供給
　イギリス　　　2006年　　 6（0）人　　－　　各種プレス機等の欧州顧客向けアフターサービス
　アメリカ　　　2005年　　 7（0）人　　－　　プレス事業
　　＊数字の出所年時は明確な記載ないが2015年3月以前。

産業機械を扱う同社は、海外売上高が非常に高いが、国内・海外の従業員数からその経営方針を考えると、海外に生産拠点を置かず、福井県あわら市にある本社工場と熊坂工場の2つの日本の工場で生産したものを、上記の海外子会社に加え、中国、インドネシア、インド、メキシコに設けられた海外支店（同社HP参照）が販売し、そのアフターサービスをおこなう形をとっている。

⑦EIZO　　　白山市　電気機器　上場・752人・726億円（2015.3）　7カ国10カ所
　　　　　　　　　　　　　　　　　　　　　　　　　　　　　　　　海外売上比率44％
　中国・江蘇省　　2010　　40（3）人　　4.7億円　　コンピュータ用モニターの開発製造・販売
　スウェーデン　　1992　　14（0）人　　11億円　　コンピュータ用ディスプレイの販売
　イギリス　　　　2011　　17（0）人　　2.3億円　　コンピュータ用モニターの販売
　ドイツ①　　　　2007　　127（1）人　　60億円　　電子機器の開発・製造・販売
　ドイツ②　　　　2009　　64（0）人　　19億円　　産業用/航空管制用モニターの開発製造・販売
　ドイツ③　　　　2011　　 5（2）人　　1億円　　コンピュータ用モニターの販売
　スイス　　　　　1999　　14（1）人　　12億円　　コンピュータ用ディスプレイの販売
　オーストリア　　非公表　　－
　アメリカ①　　　1985　　25（2）人　　28億円　　コンピュータ用ディスプレイの販売
　アメリカ②　　　1987　　21（1）人　　3.8億円　　グラフィックスボードの開発製造
　　＊数字は2012年3月時点。アメリカ②（Tech Source, Inc.）の設立年は現EIZO Rugged Solutions, Inc.のHPを参照した。
　　また、売上は資料元に従い円表記（5億円以上の企業は千万の位を、5億円以下の売上の子会社は百万の位を四捨五入した）。

PC、遊戯等のディスプレイを扱う同社は、その社名からも分かるように、自社で育ててきた映像技術を核にした製品を、特にヨーロッパに重点を置きながら世界に向けて販売している。進出初期の1980年代はアメリカ市場を先にターゲットとしていた。販売拠点が各地域にあるのみならず、ドイツ①や②のように、市場であるヨーロッパに製造拠点も設けることで、そこからの声をフィードバックするなどし、現地で製造と販売の距離を縮める経営戦略が見受けられる。

4．おわりに

　以上、北陸の企業の海外進出に関する入手可能な資料を基に、その初期から現在までの流れの中での重要な動きを確認・考察してきた。

　企業の海外進出は、特にそれが製造拠点の場合、ややもすると産業の空洞化を引き起こし、従業員の雇用に対するマイナスの影響を伴う経営行動であると指摘される。北陸各県のジェトロいわく、一定数の企業が海外進出に関する情報の公開を避けるとのことであった。いわば、"日本を捨てた"という印象を持たれたくないのかもしれない。

　しかし、北陸環日本海経済交流促進協議会（略称：北陸AJEC）による『東アジアの経済発展を視野に入れた北陸地域戦略の方向性に関する調査（2005年）』によると、海外進出している41社のうち61％の企業が、海外進出による国内雇用への「影響はなし」と答えている。むしろ雇用が「拡大した」との回答が22％と、「縮小した」との回答17％を上回っている。

　また同様の調査結果のものとして、平成27（2015）年10月〜平成28（2016）年2月に本社が富山県にあるか、ゆかりのある企業620社から回答を得た富山県新世紀産業機構 環日本海経済交流センターと富山県が共同でおこなった『平成27年度富山県企業海外展開実態調査』がある。海外進出における国内事業所への雇用への影響に関し、平成24（2012）年度調査結果では、「変わらない」82.5％が大多数を占めていることに加え、むしろ「増加した」が9.3％と「減少した」の8.2％より多い結果となっている。

　これらから、北陸企業の海外進出による産業空洞化の影響、特に雇用面に関する影響は少ないとの企業の認識がうかがえる。ここで、北陸企業の代表的な3つの経営戦略と、その計画の元となった経営環境とを挙げたい。

〈経営戦略〉　　　　　　　　〈元となる経営環境〉
□販売拠点の拡大　　　　…　世界市場で繰り広げられる国際競争の進展
□製造拠点の世界的な分業化　…　経済発展段階が異なる国の共存
□製造拠点国の市場化　　　…　人件費など製造コストが低い国の経済発展

　企業の海外進出が、企業経営において経営戦略上の重要な役割を占めることは間違いないだろう。特に、これまで見てきたように全国企業と比べると小規模で事業の幅も狭い北陸企業が、限られた経営資源の中で、各企業独自のテーマを持ちながら、より一層の考慮・工夫をしているように思われる。

　地域的に製造業が盛んである北陸地域にとって、企業が国際競争力を保ちながら世界市場にアプローチしていくためには、どうすべきかについて考えていく必要性は今後もますます出てくるだろう。進出するのか、しないのか。進出先での規模を拡大するのか、縮小するのか。進出地域をさらに広げるのか、逆に、集中あるいは撤退すべきなのか。

　1960年代から北陸企業が取り組んできた海外進出をめぐるこれらの課題について、今後も引き続き検討し続けることが必要となろう。それは「有益な海外進出とは何か」が、変化する経営環境の元では、経営理念とそれに続く経営戦略により、各社で異なってくるからである。

引用・参考文献

・東洋経済新報社編『海外進出企業総覧』東洋経済新報社、昭和48（1973）年版（創刊号から平成29（2017）年版まで各年版（1993年版〜2017年版は主に＜会社別編＞を参照）。
・北陸経済連合会編『東アジアの経済発展を視野に入れた北陸地域戦略の方向性に関する調査』北陸経済連合会、2005年。
・JETRO金沢『石川県貿易・海外投資活動実態調査』
　平成28（2016）年分（2016年1〜12月）は
　（https://www.jetro.go.jp/jetro/japan/kanazawa/company.html）
　平成12（2000）年〜平成27（2015）年分は、JETRO金沢から直接提供いただいた。
・大阪税関『貿易統計』「署所貿易概況」
　（http://www.customs.go.jp/osaka/toukei/04_shosho-gaikyo.html）
・財務省『年別輸出入総額』
　（http://www.customs.go.jp/toukei/suii/html/nenbet.htm）
・富山県新世紀産業機構 環日本海経済交流センター『平成27年度　富山県企業海外展開実

態調査』

（http://www.near21.jp/kan/investigation/tyousa-2015.htm）
・内閣府『2016年度国民経済計算』

（http://www.esri.cao.go.jp/jp/sna/data/data_list/kakuhou/files/h28/h28_kaku_top.html）
・内閣府『平成26年度県民経済計算について』

（http://www.esri.cao.go.jp/jp/sna/data/data_list/kenmin/files/contents/ pdf/gaiyou.pdf）
・株式会社アタゴ

（http://www.atago.jp/）
・EIZO株式会社

（http://www.eizo.co.jp/）
・株式会社エイチアンドエフ

（http://www.h-f.co.jp/）
・株式会社シャルマン

（http://www.charmant.co.jp/）
・助野株式会社

（http://www.sukeno.co.jp/）
・大同工業株式会社

（http://www.did-daido.co.jp/）
・高山リード株式会社

（http://www.takayamareed.co.jp/）
・ニッコー株式会社

（http://www.nikko-company.co.jp/）
・日本カーバイド工業株式会社

（http://www.carbide.co.jp/jp）
・株式会社PFU

（https://www.pfu.fujitsu.com/）
・三谷産業株式会社

（http://www.mitani.co.jp/JP/index.html）
・株式会社ヤギコーポレーション

（http://www.yagi.co.jp/）

＊参照したHPは全て、2018年2月25日現在、閲覧可。

第8章
北陸農業の構造変化と展望

富山大学　酒井　富夫

1. はじめに

　長らく「安定兼業稲作地帯」として特徴づけられてきた北陸の農業であるが、ここ半世紀でその構造は大きく変化した。本稿では、農業構造変化の現段階を確認し、今後の農業構造を展望する。ちなみに農業分野で「北陸」という場合、新潟、富山、石川、福井の4県をさして議論することが多い。以下に利用する農業関係の統計は、すべてこの4県を含んだ地域を「北陸」としている。

　構造の分析に入る前に、北陸農業の産出規模を確認しておく。図表1は、昭和40（1965）年と平成27（2015）年の全国と北陸の農業産出額（名目）、及び、生産農業所得を比較したものである。北陸の平成27（2015）年農業産出額は3933億円、全国では8兆7979億円であるので、全国のなかでの北陸のシェアは4.5％である。ちなみに製造業・製造品出荷額は、北陸（新潟、富山、石川、福井4県計）では約11.3兆円である（平成26〔2014〕年[注i]）。

　北陸における農業産出額に占める米の割合は、以前から高い。平成27（2015）年でも全国よりかなり高いが、傾向的には全国同様、その割合は低下傾向にある（全国43％→17％、北陸73％→56％）。米への依存度がもっとも顕著なのは、富山である（平成27〔2015〕年65％）。農業算出額に対する生産農業所得の割合は、全国でも北陸でも大きく低下している（全国60％→37％、北陸63％→40％）。つまり算出額が伸びても、それほどには農業者の所得は伸びない構造になっている。

(注i)　経済産業省『平成26年工業統計表』の都道府県別製造品出荷額（従業者4人以上の事業所）

図表1　農業産出額と生産農業所得（1965～2015年）

	年次	金額（億円）・構成（%）			増減（2015/1965）（倍）		
		農業産出額		生産農業所得	農業産出額		生産農業所得
		計（耕種＋畜産）	米		計（耕種＋畜産）	米	
全国	1965	31,769	13,691	18,982			
	2015	87,979	14,994	32,892	2.77	1.10	1.73
北陸	1965	2,370	1,736	1,485			
	2015	3,933	2,199	1,555	1.66	1.27	1.05
新潟	1965	1,274	922	784			
	2015	2,388	1,284	966	1.87	1.39	1.23
富山	1965	445	346	282			
	2015	617	404	235	1.39	1.17	0.83
石川	1965	357	244	220			
	2015	500	253	195	1.40	1.04	0.89
福井	1965	294	224	199			
	2015	428	258	159	1.46	1.15	0.80
全国	1965	100%	43%	60%			
	2015	100%	17%	37%			
北陸	1965	100%	73%	63%			
	2015	100%	56%	40%			
新潟	1965	100%	72%	62%			
	2015	100%	54%	40%			
富山	1965	100%	78%	63%			
	2015	100%	65%	38%			
石川	1965	100%	68%	62%			
	2015	100%	51%	39%			
福井	1965	100%	76%	68%			
	2015	100%	60%	37%			

資料：都道府県別生産農業所得統計（累年統計）

　次に、その農業産出額の伸びを見ておこう。農業産出額のなかで、米では全国の伸びより大きかったが、農業産出額計としては全国の伸びを下回った（産出額：全国2.77、北陸1.66、米：全国1.10、北陸1.27）。特に富山、石川、福井の3県の増加倍率は低い。生産農業所得でも、全国1.73に対し、北陸1.05である。富山、石川、福井に至っては0.8～0.9であり、地域のトータルな農業生産所得からみればこの50年間で縮小産業化してきたといえる（名目でそうなのであり、実質はもっと縮小幅は大きい）。

2．安定兼業稲作から安定年金稲作へ

　このように米に依存し米の産出額を伸ばしてきたにもかかわらず（あるいは、米依存に固執してきた結果）、農業全体としての産出額は大きくは伸ばせず、農

業所得では停滞、あるいは、縮小させてきたのが北陸農業である。こうした状況の背景には、どのような農業経営の変化があったのだろうか。

「安定兼業稲作地帯」といわれた北陸、以下、「安定兼業」と「稲作」に分けて見ていこう。

まず、この50年の兼業化の状況はどのように推移してきたのだろうか。図表2は、平成40（1965）年と平成27（2015）年の専兼別農家割合を比較したものである。平成27（2015）年段階の北陸の兼業農家率は81％と他ブロックに比べ極めて高い。第2種兼業農家率は69％でこれも群を抜いている。特に富山、石川、福井でその傾向が顕著である。つまり、依然として兼業に依存する農家が多く、しかも深く依存する農家が多いということである。

しかし、全国同様に、兼業農家率はこの50年間で低下してきた（北陸：昭和40〔1965〕年90％→平成27〔2015〕年81％）。専業農家割合が高まったのであるが、平成27（2015）年段階の北陸ではその71％が高齢専業（男子生産年齢人口がいない専業農家）になっている。

図表2　専兼別農家割合（1965年、2015年）

	1965総農家計	専業農家	兼業農家 小計	第1種	第2種	2015販売農家計	専業農家	高齢専業	兼業農家 小計	第1種	第2種
全　　国	100%	22%	78%	37%	42%	100%	33%	61%	67%	12%	54%
（全国農地地域）											
北　海　道	100%	50%	50%	24%	26%	100%	70%	27%	30%	21%	9%
都　府　県	100%	20%	80%	37%	42%	100%	32%	64%	68%	12%	56%
東　　北	100%	21%	79%	45%	34%	100%	26%	58%	74%	16%	59%
北　　陸	100%	10%	90%	47%	43%	100%	19%	71%	81%	11%	69%
関東・東山	100%	25%	75%	38%	37%	100%	33%	59%	67%	13%	54%
東　　海	100%	14%	86%	35%	51%	100%	28%	63%	72%	12%	61%
近　　畿	100%	14%	86%	30%	56%	100%	29%	70%	71%	9%	62%
中　　国	100%	18%	82%	36%	47%	100%	32%	81%	68%	8%	60%
四　　国	100%	21%	79%	35%	44%	100%	43%	68%	57%	9%	48%
九　　州	100%	28%	72%	34%	38%	100%	44%	60%	56%	13%	42%
沖　　縄						100%	53%	56%	47%	13%	34%
（北陸4県）											
新　　潟	100%	13%	87%	55%	33%	100%	20%	66%	80%	14%	66%
富　　山	100%	8%	92%	44%	48%	100%	16%	78%	84%	9%	75%
石　　川	100%	7%	93%	36%	57%	100%	26%	77%	74%	9%	65%
福　　井	100%	9%	91%	37%	53%	100%	16%	79%	84%	8%	76%

資料：農業センサス
（注）「高齢専業（男子生産年齢人口がいない専業農家）」は、専業農家のなかの割合。その他は、総農家計に対する割合である。

次に、「稲作」の動向だが、稲作中心の農業経営はそう大きく変わっていない。

図表3は、平成27（2015）年の農業経営体（後述）を、経営組織別（「単一経営」＝農産物販売金額のうち、主位部門の販売金額が8割以上の経営体、「準単一経営」＝農産物販売金額のうち、主位部門の販売金額が6割以上8割未満の経営体、「複合経営」＝農産物販売金額のうち、主位部門の販売金額が6割未満（販売のなかった経営体を除く。）の経営体）に見たものである。

近年、米価が低迷するなかで野菜作等を増やしているものの、稲作単一経営の割合は、平成27（2015）年段階でも85％と他ブロックに比べて圧倒的に高く（全国の同割合は50％）、複合経営は少ない。

つまり、北陸は相変わらず「兼業稲作」なのだが、所得構成からみると、その様相は様変わりしてきている。図表4は、農業経営統計調査から個別農業経営体の経済状況を見たものである[注ii]。農業経営体の所得を、農業、農業生産

（注ii） 平成28（2016）年農業経営統計（抽出調査）サンプルの集計個別経営体数は、全国4490経営体、北陸252経営体である。

図表3　農業経営組織別経営体数（2015年農業経営体）

全国農業地域・都道府県	販売のあった経営体数	単一稲作	準単一稲作主	複合経営
全　　　国	100％	50％	6％	5％
（全国農業地域）				
北　海　道	100％	17％	7％	22％
都　府　県	100％	51％	5％	4％
東　　　北	100％	59％	7％	4％
北　　　陸	100％	85％	4％	2％
関東・東山	100％	44％	5％	5％
東　　　海	100％	45％	5％	4％
近　　　畿	100％	58％	6％	4％
中　　　国	100％	67％	6％	4％
四　　　国	100％	40％	5％	5％
九　　　州	100％	34％	5％	6％
沖　　　縄	100％	1％	0％	2％
（北陸4県）				
新　　　潟	100％	85％	4％	2％
富　　　山	100％	87％	5％	1％
石　　　川	100％	83％	4％	2％
福　　　井	100％	82％	6％	3％

資料：農業センサス

関連事業（農産加工、農家民宿、農家レストラン等、農業経営に付帯する事業）、農外（兼業）からの所得、さらに年金等収入を加えた計を「総所得」として把握している。

北陸の所得構成は、農業22％（全国36％）、農業生産関連事業0.1％（全国0.1％）、農外35％（全国27％）、年金43％（全国37％）と、もっとも高いのが年金の割合である。

兼業機会が近隣に存在し、恒常的勤務による安定した賃金水準を土台に、その後の年金水準も設定されていることを考えると、北陸の農家は、かつての「安定兼業稲作」から、近年は「安定年金稲作」に転化してきたといえる。しかしながら、その安定性はあくまで相対的なものであり、労働市場の流動化や不安定化（不正規労働者化）、消費減のなかで低迷する米価、将来不安を抱える年金の組合せであり、農家経済はどれをとっても安心要素がないといった状況にある。さらに少子高齢化が加わり、これらの状況のなかで、農家はどのような選択をしているのであろうか。次に、農業経営の動向をみていくことにするが、その前に統計調査の変化を確認しておかねばならない。

図表4　農業経営体の経済状況（2016年個別経営）

地域	農業粗収益① (千円)	共済・補助金等受取金②	補助率②／①	所得③ (千円)	農業所得割合③／⑦	所得④ (千円)	農業生産関連事業所得割合④／⑦	所得⑤ (千円)	農外所得割合⑤／⑦	年金等の収入⑥ (千円)	年金所得割合⑥／⑦	総所得③+④+⑤+⑥=⑦ (千円)	可処分所得⑧=⑦－租税公課諸負担 (千円)	（参考）推計家計費⑨ (千円)	（参考）農業所得の家計費充足率⑩=③／⑨	（参考）サンプル経営耕地面積規模 a
全　国	5,934	558	9％	1,851	36％	6	0.1％	1,403	27％	1,952	37％	5,212	4,501	3,738	50％	273.6
北 海 道	30,750	5,623	18％	9,304	87％	△7	-0.1％	693	6％	753	7％	10,743	8,887	5,271	177％	2,258.8
都 府 県	5,144	397	8％	1,612	32％	7	0.1％	1,425	28％	1,990	40％	5,034	4,360	3,676	44％	210.7
東　北	5,297	585	11％	1,664	36％	23	0.5％	1,264	27％	1,696	37％	4,647	4,089	3,584	46％	295.8
北　陸	3,789	380	10％	1,148	22％	5	0.1％	1,845	35％	2,260	43％	5,258	4,628	3,406	34％	246.7
関東・東山	5,509	340	6％	1,850	34％	11	0.2％	1,620	29％	2,019	37％	5,500	4,655	3,931	47％	201.1
東　海	5,525	312	6％	1,566	30％	9	0.2％	1,418	27％	2,308	44％	5,301	4,493	3,911	40％	161.8
近　畿	3,368	178	5％	1,063	22％	2	0.0％	1,478	31％	2,261	47％	4,804	4,130	3,563	30％	128.6
中　国	3,210	221	7％	1,033	23％	5	0.1％	1,137	25％	2,363	52％	4,538	4,080	3,517	29％	152.3
四　国	4,336	214	5％	1,481	32％	－		1,130	24％	2,011	44％	4,622	4,033	3,802	39％	139.1
九　州	7,824	665	8％	2,345	44％	△6	-0.1％	1,410	26％	1,604	30％	5,353	4,645	3,673	64％	246.8

資料：「農業経営統計調査　平成28年個別経営の経営形態別経営統計」（農林水産省）

3. 農業構造の把握－農業センサスにみる視点の変化－

　農業構造を把握するには、5年に一度行われる悉皆農業調査＝農業センサスを利用するのが便利である。農業センサスは、ここ50年の間で定義及び調査体系に関する大改正が2回あった。平成2（1990）年の「新定義」と平成17（2005）年の「農業経営体」把握への移行である。

(1) 1990年「新定義」

　平成2（1990）年センサスは、農家の定義（面積基準）を変更した。昭和60（1985）年センサスまでは、経営耕地面積が、東日本10a以上、西日本5a以上（または、販売金額が一定額以上の農家〔例外規定農家〕と称す）を農家として把握していた。北陸では、新潟、富山が東日本に属し、石川、福井は西日本に属していたので注意を要する。平成2（1990）年センサス以降、東日本、西日本に分けずに全国統一し経営耕地面積10a以上を農家とした。統計の連続性を担保するため、昭和60（1985）年センサス結果についても、平成2（1990）年センサス基準により組み替え集計を行い表示している（つまり昭和60〔1985〕年以降、現段階まで同じ定義の農家として把握できる）[注iii]。

　また、平成2（1990）年センサス以降、農家を、販売農家（経営耕地面積30a以上、または、販売金額50万円以上）と「自給的農家」（経営耕地面積30a未満、かつ、販売金額50万円未満）に区分して把握するようになった。

(2) 2005年「農業経営体」

　平成17（2005）年センサス以降、調査対象が大きく変わる。調査対象の単位について、長い間続けてきた「世帯」の視点から「経営」の視点へと大きく移行させたため、それまでは対象が農家「世帯」であったものが、平成17（2005）年以降は農業「経営体」として把握することにしたのである。つまり「親と子など1つの世帯の中に収支の独立した複数の経営がある場合、それぞれを独立した経営体として」把握することになった（しかし、平成27〔2015〕年センサスでは1世帯複数経営の少なさ、また、調査票記入の負担軽減を図る観点から、1世帯複数経営であっても1調査票とし1世帯複数経営に関する調査項目を廃

(注iii)　本稿で使用している昭和55（1980）年以前の数値は、統計で表記されたままの数値（旧定義の数値）を使用している。

止した。その結果、統計表示もなくなった。つまり、1世帯複数経営であっても、1農業経営体として調査し、経営体としては1つとしてカウントしている(注iv)。

　農業経営体とは、経営耕地面積が30 a以上（または、作付面積等が基準以上、または、農作業受託）の事業を行う者をいう。この定義は、厳密には一致しないが従来の「販売農家＋農家以外の事業体＋農業サービス事業体」に近い内容である。調査体系の変更があった平成17（2005）年以降も、農家の構造変化を把握することも必要であることから(注v)、「総農家」「販売農家」「自給的農家」「土地持ち非農家」数を継続して公表している(注vi)。

　また、農業経営体は、「家族経営体」と「組織経営体」から構成される。組織経営体は、従来、「農家以外の事業体」（昭和25〔1950〕年農業センサス以降）と「農業サービス事業体」（平成2〔1990〕年センサス以降）として把握されてきたものに近い。図表5は、従来からの農家、平成17（2005）年の調査体系変更による農業経営体、センサスでは把握できない集落営農の全体像を示したものである。

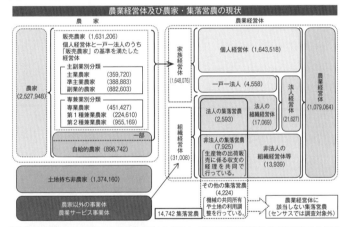

図表5　農家、農業経営体、集落営農の関係

原資料：農林水産省「2010年世界農林業センサス」、「集落営農実態調査（平成24年2月1日現在）」
原　注：集落営農は時点が異なり、概念上の包含関係を示したもの。
出　所：農林水産省資料、一部筆者加筆により作成。
　　　　www.maff.go.jp/j/study/census/2015/4/pdf/data2.pdf
図　注：農家数、農業経営体等は2010年、集落営農は2012年の数値である。

(注iv、v)　平成30（2018）年2月13日、農林水産省センサス統計室に確認済み。
(注vi)　農業センサスは、昭和50（1975）年から「土地持ち非農家」を把握し、さらに昭和60（1985）年からは「総農家」を「販売農家」と「自給的農家」に区分して把握し公表している。

4. 農家と経営耕地の急減

　図表6は、昭和40（1965）年から平成27（2015）年の間の農家数、および、経営耕地面積の推移を示したものである。全国の農家数は566万戸から215万戸へと減少は約6割、2015／1965でみた農家残存率は38であり、経営耕地も513万haから306万haへと約4割減少、経営耕地残存率は60であった。いずれも大きく減少したが、経営耕地の減少より農家の減少の方が激しかった。その結果、一戸当たり平均経営耕地面積は0.91haから1.42haへと拡大した。

　図表7は、この農地と耕地の減少程度をブロックごとにプロットしたものである。農家数は左に行くほど、耕地面積は下に行くほど減少していることを示す。50年間という長期の動きとしては、北海道を除けば、農家数の減少しているところは経営面積も減少しているようにみえる。この農家数減少と経営耕地減少の間に相関性が存在すること、離農は耕地減少（宅地転用や林地化等の農地潰廃）をともなって始めて起こることについては、昭和50（1975）年時点ですでに指摘されているが、その傾向は基本的には続いているといえる[注vii]。

　前掲図表6によれば、北陸の2015／1965の残存率は、農家数34、経営耕地51であったので、全国よりやや激しい減少であった。この間で農家数減少がもっ

図表6　総農家と経営耕地の推移（1965～2015年）　　　　　　　　　　　　　（戸、ha）

				総農家				2015農家数構成比	総農家増減2015/1965	総農家増減2015/2005	経営耕地面積			経営面積増率2015/1965	1965経営耕地面積/戸	2015経営耕地面積/戸
	1965	1975	1985	1985(新定義)	1995	2005	2015				1965	2015	面積構成比			
全　　　国	5,664,763	4,953,071	4,376,013	4,228,738	3,443,550	2,848,166	2,155,082	100%	38	76	5,133,831	3,062,037	100%	60	0.91	1.42
（全国農業地域）																
北　海　道	198,969	134,263	109,315	109,315	80,987	59,108	44,433	2%	22	75	812,961	901,535	29%	111	4.09	20.29
都　府　県	5,465,794	4,818,808	4,266,698	4,119,423	3,362,563	2,789,058	2,110,649	98%	39	76	4,320,870	2,160,502	71%	50	0.79	1.02
東　　　北	771,181	722,875	655,768	655,768	555,706	463,460	333,840	15%	43	72	877,697	562,079	18%	64	1.14	1.68
北　　　陸	427,842	377,173	330,128	326,137	267,403	212,324	146,210	7%	34	69	402,867	206,742	7%	51	0.94	1.41
関東・東山	1,179,081	1,030,800	919,318	898,577	740,994	619,960	493,098	23%	42	80	1,023,115	487,602	16%	48	0.87	0.99
東　　　海	613,238	527,873	475,102	449,128	363,971	306,620	238,637	11%	39	78	398,085	162,881	5%	41	0.65	0.68
近　　　畿	563,268	486,206	436,564	413,581	337,747	282,296	220,449	10%	39	78	311,963	150,074	5%	48	0.55	0.68
中　　　国	591,502	509,672	451,253	427,028	351,157	285,116	216,033	10%	37	76	385,125	144,724	5%	38	0.65	0.67
四　　　国	357,072	303,977	265,712	251,251	206,838	174,202	133,527	6%	37	77	213,335	88,352	3%	41	0.60	0.66
九　　　州	962,610	812,214	688,539	655,132	507,159	421,066	308,799	14%	32	73	708,679	334,341	11%	47	0.74	1.08
沖　　　縄	…	48,018	44,314	42,820	31,588	24,014	20,056	1%		84	…	23,707	1%			1.18
（北陸4県）																
新　　　潟	204,246	178,981	155,522	155,522	128,901	106,528	78,453	4%	38	74	217,374	126,763	4%	58	1.06	1.62
富　　　山	80,364	74,761	66,390	66,390	54,067	39,720	23,798	1%	30	60	75,969	30,395	1%	40	0.95	1.28
石　　　川	78,602	66,481	57,055	54,547	41,894	31,652	21,087	1%	27	67	59,645	25,214	1%	42	0.76	1.20
福　　　井	64,630	56,950	51,161	49,678	42,541	34,424	22,872	1%	35	66	49,878	24,369	1%	49	0.77	1.07

資料：農業センサス

とも激しかったのは、北海道（残存率22）である。しかし、さらに近年の動向（2015／2005）でみると、農家数減少がもっとも激しかったのが北陸（残存率69）であり、北海道よりも農家数減少が激しい。特に、富山で激しい。近年の北陸の農家数減少の加速は、何を意味しているのであろうか。

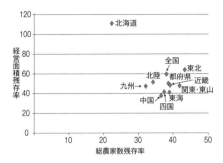

図表7　総農家と経営面積の変化（2015/1965）

5. 農家の性格変化

　農家数が減ったというばかりでなく、その性格も大きく変化した。

　図表8は、販売農家、自給的農家、土地持ち非農家の推移（昭和60～平成27〔1985～2015〕年の30年間）を見たものである。販売農家割合は減少、自給的農家割合は現状維持、土地持ち非農家割合が増加しているのは、全国も北陸も同じである。その結果、構成比（農家・非農家計に対する割合）は、完全に逆転し、北陸では、販売農家・昭和60（1985）年74％→平成27（2015）年33％、自給的農家・昭和60（1985）年13％→平成27（2015）年16％、土地持ち非農家・昭和60（1985）年13％→平成27（2015）年51％となってしまった。特にこの変化が激しいのが、富山である。もはや農村の農地所有者の過半が、農地を耕作していない時代となった。

　しかし、そうした離農したかに把握される世帯が本当に耕作しなくなったのか、そこのところはより慎重に判断すべきである。

　図表9は、これらのタイプの農家・非農家が、農業生産を行う組織経営（集落営農等）に参加・従事する農家・世帯の割合を示したものである。激増した

(注vii)　梶井功編著（1976年）『1975年農業センサス分析　日本農業の構造』農林統計協会、第1章（梶井功）による指摘がある。ただし、近年の相関性がどの程度のものかについては、今後のより詳細な分析を待たねばならない。

土地持ち非農家であるが、北陸の土地持ち非農家の11％が組織経営（集落営農等）に参加・従事している。富山にいたっては、土地持ち非農家の26％、自給的農家の11％が、参加・従事している。つまり、完全には離農していない「半生産者」とも見られる。

　北陸の農家数減少は、完全に離農したケースと集落営農に参加したケースの双方の要因がある[注viii]。この両要因が農家数減少にどの程度作用しているのか、今後の分析に待たねばならないが、富山にみるように離農しても4戸に1戸は「半生産者」として残っている状況は、今後の構造的展望にひとつのヒントを与えてくれる。

図表8　販売農家、自給的農家、土地持ち非農家の推移（1985～2015年）

		農家						非農家		
		販売農家			自給的農家			土地持ち非農家		
		1985 ①	2015 ②	増減 ②／①	1085 ③	2015 ④	増減 ④／③	1985 ⑤	2015 ⑥	増減 ⑥／⑤
全　　　　　国		3,314,931	1,329,591	0.40	913,807	825,491	0.90	442,892	1,413,727	3.19
	構成比（各年農家・非農家＝100）	71％	37％		20％	23％		9％	40％	
（全国農業地域）										
北　海　道		100,123	38,086	0.38	9,192	6,347	0.69	11,147	18,861	1.69
都　府　県		3,214,808	1,291,505	0.40	904,615	819,144	0.91	431,745	1,394,866	3.23
東　　　北		567,221	240,088	0.42	88,547	93,752	1.06	43,934	207,434	4.72
北　　　陸		275,888	99,446	0.36	50,249	46,764	0.93	47,432	151,873	3.20
	構成比（各年農家・非農家＝100）	74％	33％		13％	16％		13％	51％	
関東・東山		714,690	290,456	0.41	183,887	202,642	1.10	86,327	282,560	3.27
東　　　海		322,624	121,139	0.38	126,505	117,498	0.93	46,050	165,864	3.60
近　　　畿		288,089	125,932	0.44	125,492	94,517	0.75	33,450	133,386	3.99
中　　　国		314,909	121,572	0.39	112,119	94,461	0.84	43,942	136,615	3.11
四　　　国		188,403	79,358	0.42	62,848	54,169	0.86	28,490	71,680	2.52
九　　　州		509,656	199,273	0.39	145,476	109,526	0.75	95,437	233,427	2.45
沖　　　縄		33,328	14,241	0.43	9,492	5,815	0.61	6,683	12,027	1.80
（北陸4県）										
新　　　潟		133,488	54,409	0.41	22,034	24,044	1.09	25,362	65,369	2.58
	構成比（各年農家・非農家＝100）	74％	38％		12％	17％		14％	45％	
富　　　山		57,035	16,744	0.29	9,355	7,054	0.75	6,080	34,963	5.75
	構成比（各年農家・非農家＝100）	79％	28％		13％	12％		8％	60％	
石　　　川		44,262	13,048	0.29	10,285	8,039	0.78	11,382	29,167	2.56
	構成比（各年農家・非農家＝100）	67％	26％		16％	16％		17％	58％	
福　　　井		41,103	15,245	0.37	8,575	7,627	0.89	4,608	22,374	4.86
	構成比（各年農家・非農家＝100）	76％	34％		16％	17％		8％	49％	

資料：農業センサス

図表9　農業生産を行う組織経営（集落営農等）に参加・従事する（注）農家・世帯率（2015年）

	総農家 計	総農家 販売農家	総農家 自給的農家	土地持ち非農家
全　　　国	4%	5%	2%	4%
（全国農業地域）				
北　海　道	6%	7%	1%	1%
都　府　県	4%	5%	2%	4%
東　　　北	5%	6%	4%	4%
北　　　陸	5%	5%	5%	11%
関　東・東　山	2%	3%	1%	1%
東　　　海	2%	3%	1%	1%
近　　　畿	6%	8%	3%	5%
中　　　国	4%	4%	3%	4%
四　　　国	2%	2%	1%	1%
九　　　州	6%	8%	3%	6%
沖　　　縄	1%	1%	0%	0%
（北陸4県）				
新　　　潟	3%	3%	3%	3%
富　　　山	9%	9%	11%	26%
石　　　川	4%	4%	3%	4%
福　　　井	10%	11%	9%	16%

資料：農業センサス
図注：集落営農などの農業生産を行う組織経営体（農業サービスを行う組織経営体を除く。）に参加し、かつ、組織の活動に従事していることをいう。

6. 大規模経営と組織経営

　農家数は減少しても、その反面、大規模経営や組織経営が増えているというのも北陸の特徴である。農業構造は、全面落層化しているわけでなく、形態的には両極分化しているのである。

　図表10は、30ha以上の大規模経営体の平成22（2010）年から平成27（2015）年にかけての変化をみたものである。この5年間だけでも北陸は1.34倍に増えており、全国（1.06倍）より高い。

　また、図表11は、組織経営体の状況を見ている。組織経営体数割合では、全国2％、北陸4％であり、また、組織経営体の面積割合では、全国12％、北陸

(注viii)　集落営農に加入した時点で、農家（個別の家族経営）ではなくなるので、統計上は集落営農のみが農業経営としてカウントされる。

20％であって、面積割合は他のどのブロックよりも高い。ここでもやはり富山の高さが際立つ。

さらに図表12は、集落営農実態調査により把握されている集落営農の状況をみたものである。北陸は、比較的早くから集落営農に取り組んだ地域であり、ここ10年の集落営農増加率はそう高くはない（1.24倍）。しかし、集落営農の法人化率は高い（北陸39％）。経営として企業化している集落営農が多いということである。また、地域の農地のどれだけを集落営農がカバーしているのか、そのカバー率も高い（全国11％、北陸19％）。特に、富山35％、福井34％は際立っている。

ただし、その組織経営体の経営体質は、それほど強いものではない。図表13は、販売のあった組織経営体（平成27〔2015〕年）について、経営組織別と販売金額規模別の構成割合を示したものである。

経営組織別では、「稲作単一」割合が高い（全国26％に対し北陸60％）。前述の農業経営体よりは低いが（前掲図表3）、組織経営体でもその傾向は同様で

図表10　大規模経営（農業経営体30ha以上）の推移　　　　　　　　　　　　　　　　（単位：経営体）

全国農業地域・都道府県	2010 30〜50	50〜100	100ha以上	大規模経営30ha以上計①	2015 30〜50	50〜100	100ha以上	大規模経営30ha以上計②	増減 ②/①
全　　　国	8,986	5,857	1,220	16,063	9,385	6,121	1,590	17,096	1.06
（全国農業地域）									
北　海　道	6,425	4,692	907	12,024	6,128	4,584	1,168	11,880	0.99
都　府　県	2,561	1,165	313	4,039	3,257	1,537	422	5,216	1.29
東　　　北	789	442	138	1,369	957	580	161	1,698	1.24
北　　　陸	507	168	27	702	666	230	43	939	1.34
関東・東山	372	163	38	573	505	228	60	793	1.38
東　　　海	226	98	35	359	277	142	47	466	1.30
近　　　畿	93	29	6	128	156	58	11	225	1.76
中　　　国	125	40	8	173	169	62	18	249	1.44
四　　　国	32	15	2	49	29	22	9	60	1.22
九　　　州	404	201	59	664	486	209	72	767	1.16
沖　　　縄	13	9	−	22	12	6	1	19	0.86
（都道府県）									
新　　　潟	178	61	8	247	222	82	15	319	1.29
富　　　山	186	69	8	263	237	74	17	328	1.25
石　　　川	54	16	3	73	88	27	3	118	1.62
福　　　井	89	22	8	119	119	47	8	174	1.46

資料：農業センサス

図表11　農業経営体と組織経営体

全国農業地域・都道府県	農業経営体2005①	組織経営体②	農業経営体2015③	組織経営体④	組織経営体数割合④/③	組織経営体数増減④/②	法人経営⑤	組織経営法人化率⑤/④	(参考)2010経営耕地面積ha 農業経営体⑧	組織経営体⑨	組織経営体の面積割合⑨/⑧
全　　国	2,009,380	28,097	1,377,266	32,979	2 %	1.17	22,778	69 %	3,631,585	437,158	12 %
(全国農業地域)											
北　海　道	54,616	2,181	40,714	2,516	6 %	1.15	2,117	84 %	1,068,251	126,945	12 %
都　府　県	1,954,764	25,916	1,336,552	30,463	2 %	1.18	20,661	68 %	2,563,335	310,212	12 %
東　　北	378,216	5,934	247,713	6,106	2 %	1.03	3,292	54 %	712,303	102,034	14 %
北　　陸	165,296	3,229	103,527	3,733	4 %	1.16	2,414	65 %	273,232	53,333	20 %
関東・東山	425,430	3,992	298,776	4,716	2 %	1.18	3,929	83 %	534,194	36,037	7 %
東　　海	185,778	1,924	125,283	2,376	2 %	1.23	1,941	82 %	184,962	20,189	11 %
近　　畿	178,964	2,327	130,179	2,697	2 %	1.16	1,435	53 %	163,528	13,705	8 %
中　　国	185,435	2,191	126,448	2,909	2 %	1.33	2,146	74 %	168,921	19,311	11 %
四　　国	117,033	981	82,156	1,222	1 %	1.25	1,040	85 %	96,394	5,144	5 %
九　　州	300,574	5,042	207,441	6,323	3 %	1.25	4,106	65 %	403,818	58,891	15 %
沖　　縄	18,038	296	15,029	381	3 %	1.29	358	94 %	25,983	1,568	6 %
(北陸4県)											
新　　潟	83,599	1,442	56,114	1,550	3 %	1.07	1,146	74 %	150,767	18,444	12 %
富　　山	32,290	786	17,759	962	5 %	1.22	572	59 %	53,376	19,264	36 %
石　　川	22,741	413	13,636	529	4 %	1.28	365	69 %	33,512	6,074	18 %
福　　井	26,666	588	16,018	692	4 %	1.18	331	48 %	35,576	9,550	27 %

資料：農業センサス

図表12　集落営農の推移とカバー率

全国農業地域・都道府県	集落営農数2005⑥	集落営農数2015⑦	集落営農数増減⑦/⑥	法人2015⑧	集落営農法人化率⑧/⑦	2015耕地面積(本地+畦畔)ha⑨※2	2005集落営農面積ha※1⑩	2015集落営農面積ha※1⑪	集落営農面積増減⑪/⑩	2015集落営農面積カバー率⑪/⑨
全　　国	10,063	14,853	1.48	3,622	24 %	4,496,000	353,128	493,332	1.40	11 %
(全国農業地域)										
北　海　道	396	275	0.69	37	13 %	1,147,000	88,352	61,493	0.70	5 %
都　府　県	9,667	14,578	1.51	3,585	25 %	3,349,000	264,776	431,839	1.63	13 %
東　　北	1,624	3,306	2.04	573	17 %	848,400	60,612	130,588	2.15	15 %
北　　陸	1,912	2,373	1.24	935	39 %	313,400	50,780	60,761	1.20	19 %
関東・東山	463	988	2.13	266	27 %	730,200	19,996	42,366	2.12	6 %
東　　海	753	791	1.05	174	22 %	261,900	20,664	25,611	1.24	10 %
近　　畿	1,585	2,068	1.30	345	17 %	227,300	28,265	30,198	1.07	13 %
中　　国	1,586	2,014	1.27	743	37 %	243,100	28,698	35,066	1.22	14 %
四　　国	193	464	2.40	115	25 %	139,700	6,695	9,639	1.44	7 %
九　　州	1,545	2,568	1.66	434	17 %	545,900	48,154	96,673	2.01	18 %
沖　　縄	6	6	1.00	−		38,600	912	937	1.03	2 %
(北陸4県)										
新　　潟	347	704	2.03	329	47 %	172,000	10,227	19,751	1.93	11 %
富　　山	837	780	0.93	312	40 %	58,800	21,589	20,719	0.96	35 %
石　　川	252	290	1.15	111	38 %	42,100	4,563	6,550	1.44	16 %
福　　井	476	599	1.26	183	31 %	40,600	14,401	13,741	0.95	34 %

資料：集落営農実態調査（平成17〔2005〕、平成27〔2015〕）、※2は作物統計調査（平成27〔2015〕年耕地及び作付面積統計）による。
注）※1：集積面積＝経営耕地面積＋農作業受託面積

図表13　販売のあった組織経営体の経営組織と販売金額規模の構成割合（2015年）　　（％）

全国農業地域・都道府県	販売のあった組織経営体数	経営組織			販売金額規模				
		単一稲作	準単一稲作主	複合経営	1000万円未満	1000～3000	3,000～5000	5,000～1億	1億以上
全　　　国	100％	26％	10％	7％	38％	25％	10％	11％	16％
（全国農業地域）									
北　海　道	100％	6％	3％	14％	22％	17％	12％	17％	31％
都　府　県	100％	27％	11％	7％	39％	25％	10％	10％	15％
東　　　北	100％	33％	10％	5％	37％	29％	12％	10％	13％
北　　　陸	100％	60％	13％	4％	36％	38％	12％	8％	6％
関東・東山	100％	13％	7％	6％	33％	21％	11％	13％	22％
東　　　海	100％	20％	8％	7％	37％	21％	9％	13％	20％
近　　　畿	100％	34％	14％	9％	64％	18％	5％	6％	7％
中　　　国	100％	37％	13％	6％	48％	26％	8％	7％	11％
四　　　国	100％	12％	5％	6％	38％	21％	10％	12％	19％
九　　　州	100％	14％	12％	10％	31％	24％	12％	13％	20％
沖　　　縄	100％			5％	54％	21％	6％	7％	11％
（北陸4県）									
新　　　潟	100％	60％	7％	2％	33％	34％	12％	11％	10％
富　　　山	100％	63％	21％	3％	28％	46％	14％	9％	3％
石　　　川	100％	61％	9％	5％	44％	33％	12％	6％	5％
福　　　井	100％	55％	17％	7％	50％	36％	8％	4％	2％

資料：農業センサス

ある。稲作に偏っているため、販売金額も他ブロックに比べ大きくはない。販売金額規模で見ると、3000万円未満までは、全国並み、あるいは、それ以上の割合で存在するが、5000万～1億円（全国11％、北陸8％）、1億円以上（全国16％、北陸6％）になると、北陸の構成割合は低くなる。

7．まとめ－北陸農業構造の展望－

　かつて「安定兼業稲作地帯」といわれた北陸農業は、高齢化とともに「安定年金稲作地帯」に移行した。同時に、北陸の農家数は、激減している。しかし、反面、大規模経営や組織経営は増えている。小規模兼業農家から、大規模組織経営へ、特に集落営農に移行しているというのが、北陸の大きな潮流である。ただ、集落営農は稲作中心の組織ということもあり、他ブロックほどそれらの経

営体質は強くない。

　また、集落営農の場合、離農したかにみえる小規模兼業農家も、新たな形での「年金多就業型半生産者」として残っているケースが少なくないことも確認できた。農家数減少と農地減少の相関性をみると、よほどの事情がない限り、完全な離農には至らない傾向は、今日でも続いている。その事情の今日的現れが、集落営農なのである。北陸の農家数激減は、この点、割り引いて見ておかねばならない。

　北陸農業構造の今後を展望するとき、プロ農業者と離農者に完全に切り離した農業構造を考えるより、半生産者による農業構造を描くべきではないかと考える。もちろん「半生産者」には、限りなく専従的な農業者も存在するだろうし、逆の農業者もいるだろう。そのほうが地域資源管理面での強みが残るし、これからの農村に生活する農業者のライフスタイルとして、さらには高齢者・女性・消費者の農を取り入れたライフスタイルとして、より積極的な意味合いを持って提示できるのではないかと思う。少数の大規模農業者を育てるよりは、地域農業としては持続的であろうと考えられるのである。

第9章
北陸の医薬品産業の歩み
富山県における産地形成の背景を探る

金沢学院大学　大野　尚弘

1．はじめに

　北陸地方、とりわけ富山県は、「くすりの富山」として全国的によく知られた地域である。図表1は、北陸3県（富山県、石川県、福井県）の医薬品生産金額の過去50年の推移をグラフ化したものである。北陸の医薬品業界の50年の歩みをデータで振り返ると、富山県の医薬品生産額は、3県内でも大きく、しかも伸長していることが分かる。

　江戸時代の文禄3（1690）年に江戸城で腹痛を起こした福島県岩代三春藩主秋田河内守に、富山藩主前田正甫公が常備薬を渡した途端、腹痛が治まったという逸話が、一躍「富山のくすり」を有名にした。北陸地方の医薬品の歴史は、「くすりの富山」の歩みにほかならない（鎌田元一監修『富山売薬の歴史』薬日新聞社、1986年）。

図表1　北陸3県の医薬品生産額の推移

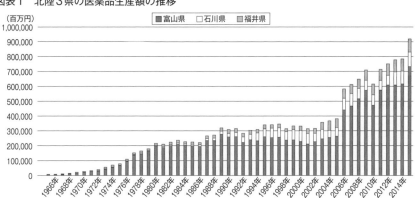

出所：厚生労働省『薬事工業生産動態統計年報』

本稿においては、北陸地方の医薬品業界を富山県の歩みを中心に、その歴史を振り返り、分析、考察する。

2. データでみる北陸3県における医薬品業界の歩み
(1) 北陸3県における医薬品業界

　北陸3県における、医薬品製造業所数の推移を確認しよう。図表2からも明らかなように北陸3県において、医薬品製造所数は富山県が突出して多いことがわかる。富山のくすりの歴史でもあるが、富山藩政が薬業を柱とし、薬の行商（販売部門）を全国で担う上で、配置薬製造業者（生産部門）が、早くから保護育成されてきた。このことが、富山県が、石川県や福井県と比較して圧倒的に多くの製造所が立地、存在していたことに関わっている。ただし、富山県における医薬品製造所数は、昭和40（1965）年から昭和55（1980）年前後までの間に、約6割の、100カ所程度まで急激に減少しており、それ以降、平成27（2015）年に至るまで、ほぼ定常状態である。

　一方、図表3の製造所従業員数の推移にみられるように、北陸3県、中でも富山県の医薬品製造所従業員数は、右肩上がりで伸びている。すなわち、富山県における医薬品製造業は、生産金額を順調に拡大し、県内の雇用を創出してきたといえる。図表4は、北陸3県における医薬品生産金額を全国生産金額と比較したときのシェアの推移を表したものである。平成27（2015）年における3県

図表2　北陸3県における医薬品製造所数の推移

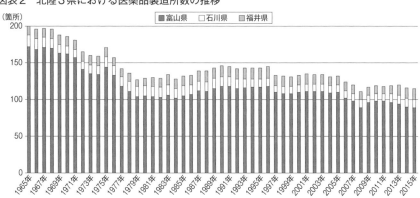

出所：厚生労働省　『薬事工業生産動態統計年報』

図表3　北陸3県における医薬品製造所従業者数

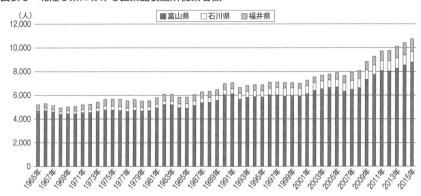

出所：厚生労働省　『薬事工業生産動態統計年報』

図表4　医薬品生産額に占める北陸3県の市場シェア

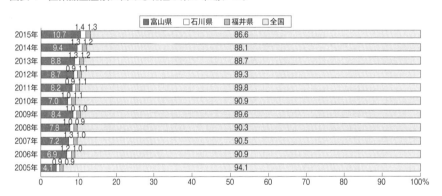

出所：厚生労働省　『薬事工業生産動態統計年報』

の市場シェアは13.4％（富山10.7％、石川1.4％、福井1.3％）である。ここからも富山県の医薬品生産金額が3県では突出して大きく、全国的に見ても1割を超える市場シェアとなっていることがわかる。

　ここまでのデータから明らかなように、北陸3県の医薬品産業を考察する際、富山県に注目することがふさわしいといえる。まず、富山県における医薬品業界の産業としての位置づけを確認する。富山県における産業分類別の出荷額では、図表5のとおり医薬品製品出荷額が、県内製品出荷額の12.7％を占めている。次に、雇用について確認する。図表6のとおり従業者数が平成17（2005）年から平成27（2015）年にかけて約30％増加していることから、富山県にお

図表5　富山県における産業分類別出荷額（2015年）

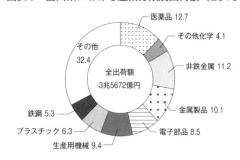

出所：「平成26年　富山の工業」『工業統計調査』

図表6　富山県の医薬品従業者数

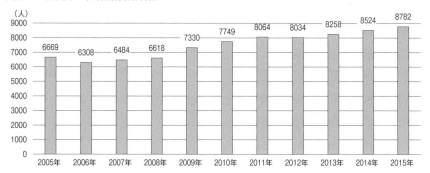

出所：厚生労働省　『薬事工業生産動態統計年報』

ける雇用創出に医薬品業界が大きく貢献してきたことは明らかである。さらに、富山県内における全従業者数11万9663人（平成27〔2015〕年）のうち、7.3％が医薬品製造業に従事している。

　このように、富山県における医薬品業界は、生産、出荷額の大きさのみならず、県内における雇用創出にも大きく貢献していることが理解できる。

　ここまでみてきたように北陸3県、とりわけ、富山県における医薬品産業は、製造品出荷額（図表5）、および従業員数（図表6）の両面で、県内産業の中心的な存在と考えられる。さらに、近年では、平成17（2005）年4月の薬事法改正により、医薬品製造の全面外部委託が可能となったことで、医薬品の委託生産の受注が増え、それに伴い、医薬品生産金額も増加した。平成27（2015）年で

図表7　富山県の医薬品生産金額

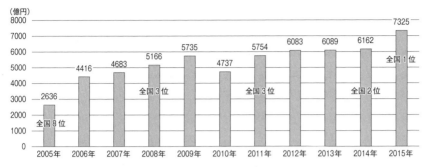

出所：厚生労働省『薬事工業生産動態統計年報』

図表8　富山県医薬品製造企業の設備投資額と件数

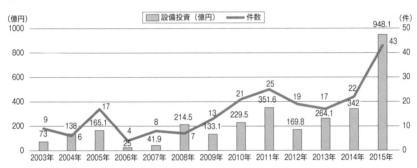

出所：富山県薬業連合会『富山県の製薬会社の概要　2016』

は、過去最高の全国第1位に位置している（図表7）。また、積極的な能力増加を伴う設備投資の促進により、投資金額や投資件数の増加傾向が見られる（図表8）。富山県の医薬品生産金額を、製造区分別に、自社製造（国産）、委託製造（国産）、自社製造（輸入）、および委託製造（輸入）に分類し、薬事法が改正された平成17（2005）年と、その10年後の平成27（2015）年を比較すると、生産金額は約2.8倍になっている（図表9）。そのうち、委託製造金額は約4.7倍（委託製造〔国産〕金額は約4.1倍、委託製造〔輸入〕金額は約13.9倍）に、自社製造金額は約1.4倍（自社製造〔国産〕金額は約1.3倍、自社製造〔輸入〕金額は約2.6倍）に増加している。さらに、生産金額に占める委託生産金額（国産・輸入）は、平成17（2005）年では全体の約40％であったのが、平成27（2015）

図表9　生産額に占める自社製造と委託製造の割合

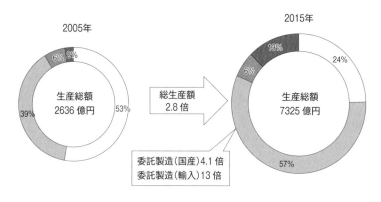

出所：厚生労働省　『薬事工業生産動態統計年報』

図表10　主要都道府県別医薬品生産金額（2015年）

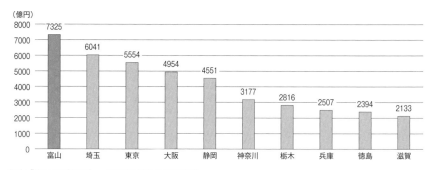

出所：「くすりの富山県」　富山県厚生部くすり政策課

年では全体の約70％まで上昇している。すなわち、富山県の医薬品製造企業の生産額は、製薬メーカーからの委託を受注すること（委託製造）に成功したことが、今日の生産額の伸長に結びついていると言える。

　富山の医薬品企業が、医薬品の委受託ビジネスにおける競争を勝ち抜いている要因としては、安定供給、高品質、低コスト、納期遵守などが挙げられる。今後も、富山の医薬品企業が委託製造の受注を獲得するためには、上述した要因のさらなる競争力強化の他に、委託先である大手製薬企業が位置する首都圏や京阪神圏との地理的不利を克服した物流改革が必要と考えられる（図表10から

明らかなように、医薬品生産額上位10都道府県のうち、富山と徳島を除き、首都圏や京阪神圏に属しており、立地上有利である）。

なお、富山県は、平成27（2015）年の医薬品生産金額が日本一となったことで（図表7）、名実共に、「くすりの富山」、「薬都とやま」にふさわしい地位となったと言える（「富山のくすり」は、平成19〔2007〕年に団体商標として登録される）。

（2）医薬品製造産業の規模と特徴

富山県の医薬品製造企業の規模と特徴について確認する。新薬、ジェネリック医薬品、一般用（OTC）医薬品、配置薬、原薬などの多種多様な医薬品製造企業が存在している点は、富山の医薬品産業の特徴である（製造業者数79社、製造所数99カ所、平成29〔2017〕年1月1日現在）。その中で、日医工（売上1633億円、従業員数1433人）やダイト（売上362億円、従業員数586人）のように、東証一部に上場している医薬品企業も存在する一方、大半が中小零細企業である。富山県の医薬品製造企業の67社が中小企業である。

富山県の医薬品製造企業は、小規模ではあるが多品目の製造に対応できることに特徴がある。錠剤、カプセル剤などの内服固形剤、ドリンク剤、ゼリー剤などの内用液剤、貼付剤、軟膏剤の外用剤、点眼剤などさまざまな製剤の製造に対応している。特定分野に強いというわけではなく、さまざまな分野の医薬品に対応できる選択肢の広さが、富山の医薬品産業の特徴と言えよう。このことに加えて、医薬品製造企業向けのパッケージ印刷や添付文書印刷、容器製造など、最終製品の完成、出荷、販売を支援する医薬品関連の製造企業が集積している点も富山の医薬品製造を支える基盤となっている。まとめると、富山の医薬品産業は、次の3つを特徴としている。①小規模（大半が中小企業）、②多品目対応、③医薬品関連産業の集積、である。

3．富山県における薬業教育（人材育成と人材確保）

（1）薬業教育

データで見る限り、華々しい成長プロセスを経ている富山の医薬品産業であるが、このようなデータの背後には、富山における薬業教育、政策の支援とその歴史的な蓄積がある。薬業教育の歴史は古い。過去50年ではなく、100年以

上も遡ることになるが、医薬品産業が、今日の富山で栄えた基盤が、人材の育成の賜物であったことは触れておかなければならない。

地域産業が形成、維持、発展するためには、人材の育成が不可欠である。医薬品産業に関しては、江戸時代、売薬さん（配置薬販売従事者とも呼ぶ）は、懸場帳を所有している帳主（親方）と、帳主に雇われている連人（従業員）とで構成され、その売薬さんになるべく、庶民の子に、読み・書き・そろばんを教える寺小屋が早くから発達し、基礎的な知識を身に付ける体制が整えられてきた。

当然のことながら、地域産業は、人によって支えられている。医薬品を生産する製造だけではなく、原材料の調達、販売に至る流通過程を担う人材、そしてそれを指揮する人材が育たなければ産業は存続できない。歴史を遡れば、富山県において、売薬さんが柳行李を背負い、全国に配置薬を広め、その際、「先用後利（先に使用していただき、後から代金をいただく）」という販売形態を採用したことや、富山藩が反魂丹役所（後に廣貫堂が引き継ぐ）を設置し、薬の品質の維持に努めたことなど、富山の薬業は、生産、販売の両方で「信用」を第一において成長してきた。このことは、今日の医薬品産業の発展の起源であり、過去から培われた「信用」は、「くすりの富山」のブランドを全国に広げるきわめて重要な財産となっている。

明治時代以降の富山県の薬業教育の歴史を図表11の年表によって説明すると、以下のような教育体制によって、技能者や経営人材に対する人材育成がなされてきたことがわかる。

富山県の人材育成で特徴的なことは、高等学校における薬業科の設置である。くすり系の学科を高校で設置している都道府県は、今日では富山県のみであり、インターネットでの検索でも富山北部高校くすり・バイオ科、滑川高校薬業科の2校しかヒットしない（総合学科に系列として設けている高校は他県でも存在している。滋賀県1校、奈良県1校）。

医薬品に関する技術、技能の水準が高くなるにつれて、高等学校での薬業教育よりも、大学での基本教育が期待される昨今ではあるが、高等学校から薬業に携わる人材育成のコースが設けられていることは、富山県の医薬品の製造企業にとって、貴重な人材供給源の一つとなっている（ただし、富山県においても高等学校の薬業科は、上市高校が募集停止し、2校の定員は合わせて80人と

図表11　富山県の薬業教育の年表

年代	薬業教育に関する詳細
1893年（明治26年）	共立富山薬学校（現在の富山大学薬学部の前身）が創立される。
1897年（明治30年）	共立富山薬学校が富山市立薬学校となる。
1900年（明治33年）	市立富山薬業学校に改称される。
1907年（明治40年）	市立富山薬業学校が富山県立薬業学校となる。
1910年（明治43年）	富山県立薬業学校が富山県立薬学専門学校となる。
1920年（大正9年）	富山県立薬学専門学校が官立富山薬学専門学校に移管される。
1935年（昭和10年）	東水橋実業高校に薬業部が設置される。
1948年（昭和23年）	富山北部高校と滑川高校に薬業科が設置される。
1949年（昭和24年）	富山大学が設置され、富山薬学専門学校も組み込まれ、富山大学薬学部となる。
1955年（昭和30年）	広貫堂薬学院設置（配置員養成を目的）される。
1957年（昭和32年）	上市高校に薬業科が設置（平成7年募集停止）される。
1963年（昭和38年）	富山大学に薬学部附属和漢研究施設が新設される。 富山県薬業講習所（現 薬業研修センター）が設置される。
1974年（昭和49年）	附属和漢薬研究施設が和漢薬研究所に昇格する。
2017年（平成29年）	富山県立大学に医薬品工学科の設置される。

出所：富山県薬業連合会『薬都飛翔　富山県薬業連合会50年史』の年表を参考に加筆

なっている）。

　薬学研究の面については、富山大学では薬学部の他、わが国唯一の和漢医薬学総合研究所を設置している。同研究所の民族薬物研究センターで平成10（1998）年以降、世界の生薬データベースの作成に取り組み、平成12（2000）年4月に和漢薬4800点のデータベースをインターネットに公開している（日本経済新聞：平成29〔2017〕年9月13日）。和漢薬などの民族薬物を研究所で薬効解析した成果を製薬企業でも活用してもらうことを狙いとしている。

　富山県立大学では、平成29（2017）年、医薬品工学科が開設され、医薬品の効率的で安全な新しい生産方法の研究に着手している。富山県における大学での医薬品研究は、研究の世界にとどまらず、産学連携で成果を実業の世界にも広げることを目指している。

　富山で医薬品製造企業で働くことの魅力やメリットを伝える役割は、富山県薬業連合会において取り組まれている。その活動は、①富山県製薬企業セミナー（合同企業説明会）、②富山県製薬企業PRパンフレットの作成および配布、③富山県製薬企業におけるインターンシップ事業である。特に、富山県製薬企業におけるインターンシップ事業では、製薬会社での薬剤師の役割を強くア

図表12　富山県製薬企業におけるインターンシップ（平成25－28年）の地域別参加者人数

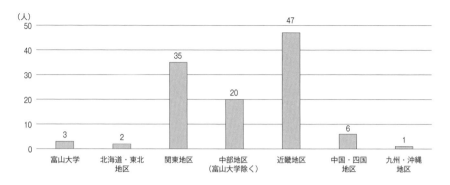

出所：「世界に羽ばたく「薬都とやま」の実現に向けて－人材確保の観点から－」富山県薬業連合会

ピールすることに力点が置かれている。過去4年間のインターンシップの実施では、18社の製薬企業がインターンシップを受け入れ、114人の大学生が参加している。その内訳は、図表12のとおりである。薬学部の多い、関東地区、近畿地区に所在する大学からの参加人数が82人に上り、全国から富山の製薬企業への人材獲得の機会となっている。

　このように富山県の製薬企業における人材育成は、県内高校の薬業科（くすり・バイオ科）における高校生人材の育成、大学では和漢薬の研究、医薬品生産方法の研究人材の育成が進められている。さらに、全国からは、製薬企業で必要不可欠な薬剤師の確保を富山県薬業連合会の支援を受けて取り組んでいる。

（2）経営人材

　人材育成は従業員（技能者）の確保だけではない。地域産業としての製薬企業を指揮する指導者（経営者）の存在が、企業成長には大きな影響力を持つ。富山県の製薬企業においても、教育機関の役割は大きい。富山大学

図表13　富山大学薬学部出身の創業者

名前	会社設立に関する詳細
田村四郎	1965年（昭和40年）　日本医薬品工業を創立する。（日医工の前身）
今井精一	1954年（昭和29年）　富士薬品商会を創立する。（富士製薬工業の前身）
森　政雄	1969年（昭和44年）　リードケミカルを創立する。
前田　實	1958年（昭和33年）　細川商事を創立する。（前田薬品工業の前身）
中井敏雄	1930年（昭和5年）　富山化学研究所を創立する。（富山化学工業の前身） 1940年（昭和15年）　東亜薬品が創立される。

出所：「世界に羽ばたく「薬都とやま」の実現に向けて－人材確保の観点から－」富山県薬業連合会

薬学部からは、図表13に示した、経営人材が生み出され、さらに、現在（2017年9月時点）、松井竹史氏（テイカ製薬、代表取締役社長）、稲田裕彦氏（救急薬品工業、代表取締役社長）、石黒龍太郎氏（第一薬品工業、代表取締役会長）は、経営者として活躍している。

4. ジェネリック医薬品（後発用医薬品）の使用促進と富山の医薬品製造企業の躍進

　平成17（2005）年の薬事法改正（生産の一部受託から全部受託が認可）によって受託生産が富山県内の医薬品製造企業の受注を大きく伸ばした。このことが、富山県の医薬品生産額の伸長にも結びついている。さらに、富山の医薬品製造企業にとっての追い風は、ジェネリック医薬品（後発医薬品）の使用促進である。日本国の財政面での課題の一つである医療費の負担増加は、高齢化の進む我が国にとって避けられない。薬剤費抑制の必要性から、国をあげてジェネリック医薬品の使用を促している（図表14）。

　ジェネリック医薬品の使用促進の恩恵を受けた製薬企業は、富山県内では、日医工、ダイト、陽進堂が挙げられる。ジェネリック医薬品の受注、自社製造を拡大するための設備投資、GMP（Good Manufacturing Practice）に適合した製造管理・品質管理体制の構築、研究開発投資（図表15）が、これら製薬企業

図表14　ジェネリック医薬品の数量シェアの推移と目標

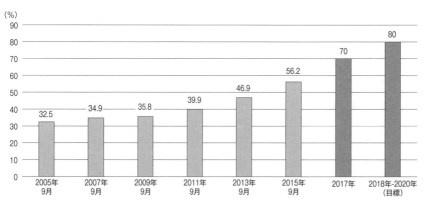

（注）　数量シェアとは、「後発医薬品のある先発医薬品」及び「後発医薬品」を分母とした数量シェアをいう。
出所：厚生労働省『骨太の方針　2015』

図表15　研究開発費の推移（日医工、ダイト）

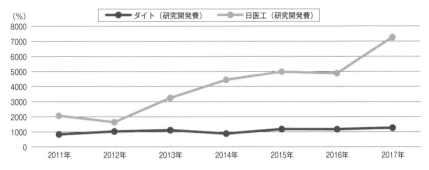

出所：日医工『決算説明資料』2011年〜2017年、ダイト『決算説明資料』2017年

の売上成長につながっている。富山県内の製薬企業の設備投資が件数、金額とも拡大している点は、図表8でも記したとおりである。受託生産やジェネリック医薬品の市場規模の拡大は、設備投資に加えて、研究開発費への投資を増やしている。設備投資による安定供給力の拡大だけではなく、製造技術をはじめ研究開発投資を積極的に行うことで、ジェネリック医薬品（特許切れ医薬品）であっても差別化が図られている。

　医薬品の受託生産、安定的な供給体制の構築だけではなく、自社開発、自社ブランドの構築が、中長期的な企業成長、収益確保に不可欠である。

　中小零細企業の比率の高い富山県の医薬品産業において、売上規模の大きい医薬品製造企業（たとえば、上場2社、日医工、ダイト）が産地を先導し、業界の活性化や「富山のくすり」の産地イメージのさらなる浸透に貢献することを今後、期待したい。

5．おわりに

　北陸3県の医薬品業界（特に、富山県）の50年の歩みを振り返ることで、地域産業における成長の原動力は何かを浮き彫りにすることを目指したのが本稿である。北陸3県、中でも富山県は、全国的に「くすりの富山」として有名であるが、その知名度は配置売薬に由来するものである。富山県の医薬品産業の集積は、産地をけん引する巨大企業が存在して形成されたわけではない（富山県が薬都として手本とし、交流しているスイスのバーゼル地域には、産地をけ

ん引する巨大企業、ロッシュ、ノバルティスが本社を構えており、医薬品製造企業の産業集積を形成している)。富山県における医薬品産業の集積は、売薬を発祥とする薬業教育が産地の人材育成を担い、人材の輩出、人材の確保に貢献してきたことが、その産地形成の基盤となっている。

　富山県における医薬品生産額は、平成27（2015）年に日本一となり、国内医薬品の産地として、いわゆる薬都の名に恥じない実績をあげはじめている。本稿では、富山の医薬品製造業を背後で支える原動力として、薬業教育に注目して50年以上の歴史を振り返り、高校、大学、富山県の政策として人材育成、人材確保が行われてきたことを明らかにした。長きにわたる薬業教育の基盤づくりが、今日の富山県の医薬品産業を支える人づくりに貢献している。地域産業を支える基盤は、人である。人材の育成には、技能者のみならず、経営を指揮する経営者の存在も地域産業の発展には不可欠である。富山県が北陸3県だけでなく、日本、世界の薬都となるためにも、富山県における薬業教育と人材育成に、今後も期待したい。

参考文献

・鎌田元一監修（1986）『富山売薬の歴史』薬日新聞社
・富山県薬業連合会（2002）『薬都飛翔　富山県薬業連合会50年史』

謝辞

　本稿作成にあたり、金沢学院大学大学院経営情報学研究科博士後期課程・島谷隆夫氏に資料収集、助言をいただいた。

第10章
北陸繊維工業の動向と非衣料分野への展開

富山大学　松井　隆幸

1．北陸の繊維工業の概要

　明治・大正・昭和と北陸の製造業の中心であった繊維工業は、今なお主力産業の一つである。福井県の10.12、石川県の6.14という特化係数は、北陸3県の全製造業の中でも突出[注i]しているし（図表1）、福井・石川両県では依然として製造業の業種別出荷額の3位に位置している（図表2）。

　図表3は、繊維工業のうち3県のいずれかで出荷額が100億円を超える品目について全国シェアを示したものである。このうち、福井・石川両県で金額・全国シェアともに高いのが「絹・人絹織物」および「絹・人絹織物機械染色」である。これらの品目は、現在では大部分が合成繊維長繊維織物と、その染色加工を指すと考えられる[注ii]。また「たて編ニット生地」において福井・富山両県、「ニット・レース染色整理」において福井県が高い全国シェアを示している。これらの織物・編物[注iii]・染色加工に、細幅織物など副資材を加えて、北陸が依然として日本を代表する繊維の川中産地であることがわかる。

　さらに、化学繊維（3県で約18％）、かさ高加工糸（同75％）、ねん糸（同

(注i)　富山県の金属製品、非鉄金属、石川県の生産用機械、福井県の電子部品なども高い値を示しているが、いずれも5に達していない。

(注ii)　「工業統計調査・品目編」でみると、「ポリエステル長繊維織物」で福井県が全国シェア36％、石川県が37％を占めている。ただし「品目編」はX値が多く、地域間で比較できるものが少ない。

(注iii)　「丸編ニット生地」においても福井県11％、石川県9％の全国シェアがある。

図表1　北陸3県の繊維産業特化係数

福井	10.12
石川	6.14
富山	1.67

資料：2014年「工業統計調査」
(注)　特化係数＝各県の製造業製品出荷額等に占める繊維産業の割合／全国の製造業製品出荷額等に占める繊維産業の割合
　　　従業員4人以上の事業所

図表2　北陸3県の製造業出荷額ベスト3

	1位	構成比	2位	構成比	3位	構成比
全国	輸送機械	21.0%	化学	9.4%	食料品	8.5%
福井	電子部品	15.0%	化学	14.3%	繊維	12.5%
石川	生産用機械	25.4%	電子部品	13.6%	繊維	7.3%
富山	化学	17.2%	非鉄金属	11.3%	金属製品	10.0%

資料：図表1に同じ
(注)　従業員10人以上の事業所

図表3　繊維産業主要品目の出荷額と全国シェア

	製品出荷額（億円）			全国シェア		
	福井	石川	富山	福井	石川	富山
繊維工業品	2,399	2,002	733	6.3%	5.2%	1.9%
化学繊維	211	273	142	6.4%	8.3%	3.4%
かさ高加工糸	24	173	—	9.1%	65.8%	—
絹・人絹織物	259	289	21	20.9%	23.3%	1.7%
細幅織物	107	82	—	27.2%	20.8%	—
たて編ニット生地	148	16	116	42.0%	4.5%	35.5%
絹・人絹織物機械染色	316	382	—	36.4%	44.0%	—
ニット・レース染色整理	215	49	38	38.4%	8.8%	6.8%
他に分類されない繊維製品	162	65	22	4.9%	2.0%	0.7%

資料：「工業統計調査」「福井県の工業」「石川県の工業」「富山県の工業」
(注)　福井県・石川県は2014年、富山県は2013年
　　　従業員4人以上の事業所

18％）など原糸・糸加工の分野、ニット製アウターシャツ類（同16％）など川下分野も少なからず存在する。

2. 歴史的推移

　北陸繊維工業の中心は、明治期の絹織物、大正～戦後復興期の人絹織物、高度成長期以降の合成繊維織物に至る石川県・福井県の長繊維織物製造業である。さらに富山県・福井県には経編などニット生地製造業が立地している。そして絹・人絹・合繊の各素材に対応した染色加工が、北陸の織物やニットに付加価値を与えてきた。

　1960年代までの繊維工業は輸出産業として日本経済を牽引し、全国でも北陸でも事業所数・従業者数・製品出荷額等がいずれも増加してきた。北陸でも、約1年の短い不況と約3年の好況が交互に訪れる中で成長が続き、1970年代前半には世界最大規模の合繊織物産地となった[注iv]。

　その北陸繊維工業も、1970年代以降は事業所数・従業者数ともに縮小に転じる（図表4、5）。ただし製品出荷額等は1980年代も増加を続け、ピークは平成5（1993）年である（図表6）。一方、全国の繊維工業に占める北陸の比率は、事業所数・従業者数では平成2（1990）年ごろ、製品出荷額等では昭和55（1980）年頃をボトムに今日まで上昇を続けている（図表7）。これらのデータを踏まえて、1970年代以降の歴史的変遷をたどってみよう[注v]。

　1970年代の繊維工業は、日米貿易摩擦による繊維輸出規制にはじまり、2度の石油ショックに伴う長期不況を経験する。一方で北陸では、後述するジョーゼットブームが1970年代後半に3年にわたる好況を生み出し、生産・輸出を伸ばした。

　1980年代の北陸繊維工業は、WJRなど革新織機の普及による生産性上昇とその反動であるジェット不況ではじまった。そして1980年代半ば、日本の繊維工業をめぐる国際環境が激変する。昭和60（1985）年のプラザ合意を契機とし

(注iv)　『北陸経済研究所』（1995）pp31-32。

(注v)　従業員3人以下の事業所の数値が確認できるのは工業統計表では1975年までだが、その時点で繊維工業（旧分類「繊維工業」＋「衣服・その他繊維製品製造業」）の3人以下の事業所の比率は、事業所数で全国54％・北陸50％、従業者数で全国14％・北陸6％、製品出荷額等で全国11％・北陸5％を占める。図表4～9については、この点を考慮に入れる必要がある。

図表4　北陸3県の繊維工業の推移・事業所数

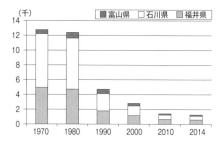

資料：「工業統計調査」
(注)　1970年、1980年は全事業所。1990年以降は従業員4人以上の事業所。

図表5　北陸3県の繊維工業の推移・従業者数　　図表6　北陸3県の繊維工業の推移・製品出荷額等

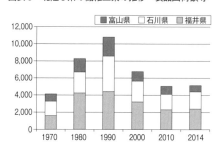

資料：「工業統計調査」
(注)　1970年、1980年は全事業所。1990年以降は従業員4人以上の事業所。

資料：「工業統計調査」
(注)　1970年、1980年は全事業所。1990年以降は従業員4人以上の事業所。「製品出荷額等」は、主に製品出荷額と加工賃収入から成る。

て円・ドルレートが1ドル＝230円台から1980年代後半には120円台まで急上昇し、輸出競争力に大きな打撃を受けたのである。時を同じくして、韓国・台湾・中国・ASEANなどアジアの繊維工業が急拡大し、日米欧の繊維工業は軒並み停滞・斜陽化に追い込まれる[注vi]。その中で全国・北陸とも小規模・零細企業の淘汰・集約が進んだ。

　1990年代に入ると、日本の繊維工業が全体として縮小していく中で、各指標において北陸のシェアが拡大していく。その背景の一つが、後述の新合繊ブームである。昭和64（1989）年から平成4（1992）年にかけて全国の織物生産高

（注vi）「小山」（2006-b）p39。

図表7 全国の繊維工業に占める北陸の比率

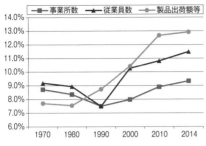

資料:「工業統計調査」

が12.2％減少したのに対し、北陸では内需を中心として5.6％増加している。なかでも新合繊を生み出した素材であるポリエステル長繊維織物は9.2％の増加を示している(注vii)。新合繊は婦人用織物に始まり、ニット・メンズ・スポーツウェア・ユニフォームにも波及した(注viii)。

しかし新合繊ブームも平成5（1993）年には終わりを告げ、平成4（1992）年から平成8（1996）年にかけて、北陸では操業工場数・稼働織機台数で35％もの減少を記録する(注ix)。その背景にはさらなる円高の進展、アジア諸国からの衣料品輸入の増加、縫製業の海外移転などがあった。その中で、北陸では技術力・提案力・川下戦略・市場開拓力等の有無によって、全国を上回るペースで企業の淘汰と二極分化が進んだ(注x)。それは1990年代以降において、事業所当りの従業者や製品出荷額等で全国と北陸との間に差異が現れることからも見て取れる（図表8、9）。

図表8　繊維工業の事業所あたり従業者数の推移　　図表9　繊維工業の事業所あたり製品出荷額等の推移

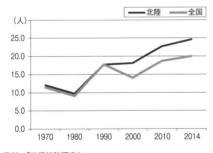 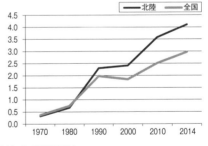

資料:「工業統計調査」　　　　　　　　　　　　　資料:「工業統計調査」

(注vii)　『北陸経済研究所』（1995）pp34-35。
(注viii)　『北陸経済研究所』（1993）p30。
(注ix)　「小宮」（1989）p17。
(注x)　「小宮」（1998）p19。

2000年代の合繊産業を特徴付けるのは中国の量的拡大である。この時期中国では川上から川中・川下に至る急速な設備増設が行われ、低廉な労働力と最新鋭の設備の組み合わせによる価格競争力は、とくに量産定番品において、日米欧のみならず韓国・台湾・インドネシア等アジア諸国の繊維工業にも大打撃を与えた[注xi]。

　日本の主要繊維産地は、平成12〜17（2000〜05）年までの間に生産指数でみて3分の2にまで縮小するが、その中で北陸産地は相対的に健闘してきたといえる（図表10）。全体として事業所数・従業員数は減少しながらも、ファッション衣料・機能性衣料・非衣料各分野において、企業内に蓄積された技術や企業間ネットワークを通じて勝ち残った企業が存在するのである。

　北陸産地を支えてきた原糸メーカー主導の賃加工、いわゆるメーカーチョップは2000年代に大きく後退する。一つには日本の合繊メーカーが次々と衣料用合成繊維の生産の縮小を進めたからである[注xii]。この動きは、リーマンショック以降の2010年代さらに加速する。北陸企業の側でも自ら川下の動向を把握し、それに対応した製品開発と市場の開拓で差別化を図る動きが強くなる。ただし、脱賃加工・自販化そのものが目的ではなく、製品企画において提案力を持ち、価格主導権を握ることが重要であった[注xiii]。

図表10　主要テキスタイル産地の2005年生産指数（2000年＝100）

福井	石川	富山	新潟	群馬	静岡	愛知	岐阜	大阪
77.8	73.3	87.1	54.8	56.4	55.3	65.0	68.9	56.8

資料：「小山」（2006-a）、p59

(注xi)　「小宮」（2000-b）pp39-40によると、2000〜2005年の間に、各国の化合線織物生産量は、韓国で25％、台湾で33％、米国で22％減少している。

(注xii)　むしろ台湾・中国などアジア企業による原糸開発がさかんになってくる。

(注xiii)　中小・中堅メーカーにとって、賃加工の持つキャッシュフローの安定性は今なお貴重である。

3. 北陸地域の強み

　北陸は合繊テキスタイルに必要な織り・編み・準備工程・染色加工など諸機能が集積しているわが国唯一の産地であり、各工程の企業が有機的に連携した製品開発は今なお強力である。すなわち企業の壁を越えた工程間のすり合わせ能力が強さの源泉と言える。欧州のラグジュアリーブランドを含めた海外アパレルメーカーにも「北陸の○○社なら面白い生地を作れるかも知れない」という期待がある。すなわちBtoB（企業間取引）のブランド力である。ただこれまでのところ、BtoC（企業と消費者間の取引）のブランドには結びついていない。

　この強みを活かす方向性として、①感性や風合いに優れたファッション衣料②保温、防水透湿、吸汗速乾、抗菌、防臭、軽量高強度などさまざまな機能性を付与した機能性衣料　スポーツウェアやユニフォーム（ワーキングウェア）など③産業資材がある。ただし①と②は厳密に区別できるものではなく、しばしば一つの製品に両者の要素が同居している(注xiv)。産業資材とともに非衣料に分類されるインテリアも、ファッションの要素が強い。

　上記の強みがファッション衣料に活かされた例として、1970年代のジョーゼットブームがある。これは、「原糸メーカーの異型断面糸や異収縮混繊糸、織物業者の強撚、薄地織物技術、染色整理加工の減量技術が一体となって生まれた」「絹織物に近似した差別化織物」(注xv)である。

　また1980年代から1990年代にかけての新合繊ブームは、原糸メーカーの生み出した異型断面、極細、微多孔、シックアンドシンなどのファイバーと、北陸の糸加工・織布・染色加工メーカーの技術・ノウハウが一体となって生み出されたものである(注xvi)。たとえば切れやすく毛羽が出やすい極細繊維を用いる場合、織布や準備工程における張力管理が重要になる。また、染料が染み込み

(注xiv)　ファッション衣料のブラックフォーマルや高機能裏地が機能性の例として挙げられることもある。また、近年の大手SPAの目玉商品には、スポーツウェア並みの機能性を日常のファッション衣料に付与し、大ロット生産によって低価格を実現したものが多い。

(注xv)　『北陸経済研究所』（1995）pp31-32。

(注xvi)　「小山」（2006-b）pp43-44。

にくい極細糸や染着度の異なる混繊糸を染めるには、それぞれに対応した染色工程での温度や速度の管理が必要である[注xvii]。

2010年代にヒットしたダウンジャケット向けの高密度薄地織物も、特殊な糸の手当、糸加工・織布技術、ムラのでない染色加工技術の連携によって生み出された。いずれの場合も、工程間のすり合わせ、企業間の有機的連携が不可欠であった。そして原糸メーカーによる衣料用原糸の開発・供給力が低下した2000年代以降は、一部ではあるが製品設計の主導権が北陸企業にも移りつつある。ただ、いずれのブームも数年で終わりを告げてきた。それは第1にファッションの宿命であるトレンドの変化であり、第2にアジア諸国のキャッチアップによる類似品の登場である。

4. 非衣料分野への展開

図表11は、日本国内の工場で化学繊維・合成繊維がどのような製品に加工されるかを示したものである。図表の18年間で衣料用途は約3分の1に減少し、産業資材やインテリアの割合が増加している。これは完成品の衣料の輸入が一貫して増加してきたことの影響である。

他の繊維産地と比較して、北陸では産業資材や機能性衣料への広範な展開が見られる。主な素材が合成繊維であるため、加工工程で物理的・化学的制御が行いやすいためであろう。たとえばさまざまな物性・断面形状・太さの糸を使用したり、川中工程でさまざまな機能を付与することができる。

ただし、地域内で非衣料分野の比率がどれだけあるかという把握はきわめて難しい。産業小分類はおろか細分類に至っても衣料用と非衣料用が混在しているからである[注xviii]。また自動車や電気機械、複合材料におけるプラスチックなど、製品が使用先の産業に分類されるケースもある。ちなみに「小山」（2006-a）によると、平成17（2005）年時点の北陸で、合繊長繊維織物のうち非衣料用が35％（内需向けでは4分の3）、ニットのうち9割が内需向けでうち4割が非

（注xvii）『北陸経済研究所』（1993）pp34-35。
（注xviii）「加藤」（2008）pp12-15。

図表11　日本の化学繊維ミル消費量・用途別推移

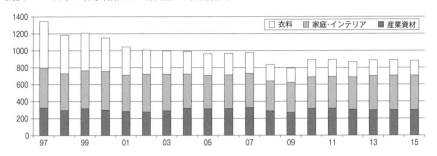

資料：『繊維ハンドブック』各年

衣料であった^(注xix)。

　図表12は北陸繊維企業の非衣料・機能性衣料分野への事業展開をまとめたものである。非衣料分野の場合、どれも衣料用繊維の各工程の技術や異業種の技術を応用し、組み合わせて製品を生み出している。

　たとえば繊維製のカーシートは織編技術と起毛・耐光・難燃・防臭などの表面改質技術を駆使しつつ、自動車メーカーのコスト・品質要求に応えて産業として確立された。合成繊維・炭素繊維・アラミド繊維などの繊維素材、織り・メッシュ・不織布などの繊維加工技術に土木系技術を組み合わせて排水・遮水・地盤補強などの機能を発揮させたのが土木・建築用繊維である。切れ端がほつれにくい経編の性質を利用した建築用養生テープもある。

　花粉症やアトピーなど各種アレルギー防止、抗菌・抗ウィルス・防臭・防蚊などの表面改質技術は、衣料からカーテンや寝具などのインテリア、介護用品などにも活用されている。その他、丸編みを開かずにウィンナー状の土嚢にした校庭・屋上・砂漠緑化材、PETボトルのリサイクルから生まれた吸音材や止水材、植毛・網籠状構造物・高強度ロープなさまざまな繊維技術を駆使した水産資材、人工衛生用アンテナ等に使用される炭素繊維三軸織物、薄地織物を用いたティーパック、極細繊維の織編物を独自の溶断技術と純水・超純水による洗浄で処理したワイピングクロスなどユニークな製品は数多い。さらに衣料から非衣料へという一方的な流れではなく、後者の技術はしばしば衣料製品に

(注xix)　「小山」（2006-a）pp60。

図表12　北陸繊維企業の非衣料・機能性衣料分野への展開

シーズ＼ニーズ	非衣料		機能性衣料
		健康・環境・安全	
織り、編み	カーシート、内装材 土木・建設用資材 複合材加工 面ファスナー 養生テープ 各種メッシュ 水産資材 スポーツ用品 ワイピングクロス カーテン・内装 人工衛星アンテナ 研磨布、クッション材 農業資材、防虫ネット	エアバッグ 砂漠緑化資材 屋上緑化材 ハップ材基布 健康マット 人工血管 濾材、フィルター サポータ、固定ベルト 介護用品 医療資材 椅子張り ティーパック	ユニフォーム 防寒衣料、登山服 防護服	アウトドアウェア スポーツウェア 機能性ファッション 差別化裏地
染色加工 （表面改質）	カーシート 住宅用シート、広告シート ヘアカラー 脱墨材、離型剤	介護用品 機能性化粧品 防電磁波材 屋上緑化材	抗アレルギー 防湿透水 抗菌,防臭,防蚊,UVカット等 反射材、発光製品	特殊薄膜
その他	光ファイバー	タバコフィルター 吸音材	リサイクル繊維 生分解性繊維	

資料：聞き取り調査（ただしWeb等で公開済みのもの）、「加藤」（2008）、各社Web、『日本経済新聞地方版』、『北陸経済研究』など

フィードバックされ、製品開発や品質向上に結びついている。

　非衣料とくに産業資材の衣料に比べたメリットは、いったん採用されれば部材として生産ラインの一翼を担うので、安定した受注が見込めることである。もっともスポーツ用品のようにファッション衣料以上に流行りすたれの激しいものもある。もうひとつのメリットは、新興国の類似品に対してスペックによる差別化が可能な点であろう。

　デメリットは、スペック要求がきわめて厳しく開発期間が長いこと、「非衣料」とはきわめて広範囲の産業を指すため市場の発見・選択が難しいこと、その中でも大きな市場である自動車においてコスト要求が厳しいこと、フィルム・不織布・皮革・（複合材料に対する）金属などとの素材間競争が存在することなどである。

5．他産業への展開

　1970年代以降の北陸繊維工業は、全体としては量的に縮小しながらも、勝ち残った精鋭企業によってさまざまな方向に発展を遂げてきた。それは繊維工業

内部にとどまらない（図表13）。織機や編機の技術は工作機械に(注xx)、染色機械の技術は殺菌・滅菌装置などに受け継がれた。さらに染料の技術は医薬品・農薬・肥料・火薬などに、染料を乳化分散させる薬剤の技術は、金

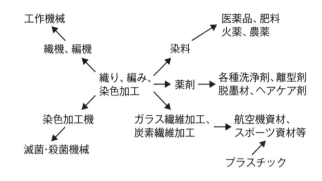

図表13　北陸繊維工業の他産業への展開

資料：「木野」（2017）よりまとめた

属離型剤、紙パルプの脱墨材、業務用のヘアカラーやシャンプーなどに応用されている。またガラス繊維や炭素繊維加工（後者は研究・試作段階のものが多いが）の技術は、複合材料（繊維強化プラスチック）製品に結びついている(注xxi)。これらは、北陸地域内の企業によって展開されたこともあれば、地域外の企業によって担われていることもある。

参考文献

・大井誠「北陸産地の総合力こそ世界的強み」『北陸主要10業種の現状と展望』北陸経済研究所（2016）
・加藤秀雄「福井繊維産業の構造変化と非衣料分野への展開」『商工金融』（2008年5月）
・木野龍太郎「繊維産地における企業間分業を通じた染色加工技術形成─福井産地の事例より─」『福井県立大学経済経営研究』36（2017年3月）
・小山英之「北陸産地の現状と21世紀への展望」『繊維情報』（1998年4月）
・「低迷する衣料品市場と合繊テキスタイルのコストアップ不況」『繊維トレンド』（2006年7・8月）小山（2006-a）
・「世界織物工業の国際競争の変遷と北陸産地の技術開発の動向」『繊維トレンド』（2006年

(注xx)　北陸の工作機械メーカーの多くが、かつて繊維機械を手がけた経験がある。
(注xxi)　大井（2016）p22。

9・10月）小山（2006-b）
・「北陸における新合繊織物の現状と展望」『北陸経済研究』北陸経済研究所（1993年2月）
・「北陸の繊維工業（織物業）」『北陸の主要工業の過去・現在・未来』北陸経済研究所（1995年）

第11章
北陸の漆器産業の歴史的変遷と今後の展開
―高度経済成長期以降の輪島と山中を中心に―

富山大学　安嶋　是晴

1. はじめに

　北陸は伝統的工芸品産業が多い地域である。人間国宝、伝統工芸士数も多く、工芸に関しては質・量ともに国内最高水準を誇っていると言える。

　漆器産業については、全国の国指定の伝統的工芸品産地が23カ所で、北陸は6カ所と全国の約3割の数を占める。さらに北陸が特徴的なのは、日本を代表する二大漆器産地を抱えていることである。多くの伝統的工芸品産業は、高度経済成長期に衰退し淘汰が進んだが、輪島、山中の両漆器産地は、それぞれ独自戦略でしなやかに生き残り、成長を遂げてきた。

　しかし輪島漆器産地や山中漆器産地なども、バブル崩壊以降の衰退は著しい。伝統的工芸品産地では今後どのように展開すればよいのだろうか。

　そこで本稿では、輪島漆器産地と山中漆器産地に焦点を当て、過去の統計データなどから高度経済成長期から現代までの歴史的経緯をたどる。ただし、伝統的工芸品および漆器産業の分野は、統計データも未整備の部分も多いことから、アンケートやインタビューなど多様な観点から事実に迫るようにする。そして過去から現在の漆器産地の実態を明らかにしつつ、今後の展開を提示していく。

2. 伝統的工芸品の成立背景
(1) 高度経済成長期と伝統的工芸品産業

　まずは漆器産業の話の前に、伝統的工芸品産業の全体について述べる。

　伝統的工芸品産業は、人々の生活と相関しながら発展してきた産業である。これが一変するのは戦後の高度経済成長期であろう。この頃、大量生産、大量

消費、ライフスタイルの変化によって工芸品産業の淘汰が進んだ。その背景について下平尾勲氏は平成8（1996）年の著書で、高度経済成長期は「伝統産業の成長発展に寄与することなく、むしろ衰退の原因となった」と指摘し、その具体的な衰退要因として、①市場の変化、②生産技術の変化、③新素材の登場、④労働力不足、⑤体制の立ち遅れの5点を挙げている。

ただし、この流れは1960年代になると寄り戻しが起こる。つまり高度経済成長の負の遺産、すなわち公害が顕在化し、大量生産大量消費社会へのアンチテーゼや本物志向の高まりなどで伝統的工芸品産業が再評価されるようになった。

（2）伝産法の制定

そこで国は昭和49（1974）年に伝統的工芸品産業の支援を目的とした「伝統的工芸品産業の振興に関する法律（以下伝産法）」を制定した。まずは伝産法について説明を加える。

伝産法第二条では、①日常生活で使用する工芸品であること、②製造工程の主要部分は手工業的（高度な手作品）であること、③伝統的な技術・技法によって製造されること、④伝統的に使用されてきた原材料であること、⑤一定の地域で産地形成であること、という5つの条件を満たすものが経済産業大臣によって「伝統的工芸品」に指定され、支援の範囲を確定させた。平成29年（2017）年11月現在、指定を受けているのは230品目で、北陸は23品目となっている（図表1、2）。

図表1　伝統的工芸品（全品目）の業種別状況（平成29年11月現在）

業　種	品目数	業　種	品目数
織　　　　　　物	39	仏　壇　・　仏　具	17
染　　色　　品	11	和　　　　　　紙	9
その他繊維製品	4	文　　　　　　具	9
陶　　磁　　器	31	石工品・貴石細工	6
漆　　　　　　器	23	人　　　　　　形	8
木工品・竹工品	32	その他工芸品	22
金　　工　　品	16	工芸用具・材料	3
		計	230

伝統的工芸品産業振興協会資料より作成

図表2　北陸の国指定の伝統的工芸品

石川県	牛首紬、加賀友禅、加賀繍、九谷焼、輪島塗、山中漆器、金沢漆器、金沢仏壇、七尾仏壇、金沢箔（計10品目）
富山県	高岡漆器、井波彫刻、高岡銅器、越中和紙、庄川挽物木地 越中福岡の菅笠（計6品目）
福井県	越前焼、越前漆器、若狭塗、越前箪笥、越前打刃物、越前和紙、若狭めのう細工（計7品目）

伝統的工芸品産業振興協会資料より作成

　国が指定する伝統的工芸品産業の品目数は年々増加する一方で、生産額、従業者数は大幅に減少している。昭和58（1983）年に約5400億円だった生産額は、平成24（2012）年には、約1040億円（対20％）まで減少し、従業者数も約24万2000人から約6万9000人（対30％）へと減少した（図表3）。

図表3　伝統的工芸品（指定品目）の動向

	S54	S58	S62	H3	H7	H11	H15	H22	H23	H24	H25
生産額(百万円)	483,650	540,564	462,649	492,779	390,226	267,195	200,318	117,748	104,477	103,997	105,121
従事者数(人)	287,956	241,856	236,811	199,057	150,030	102,252	103,469	73,508	71,919	69,635	68,723
品目数	113	144	162	174	184	193	205	211	211	212	218

全国伝統的工芸品総覧各年度および伝統的工芸品産業振興協会資料より作成

（3）伝統的工芸品産業の現代的課題

　この伝統的工芸品産業の直面する現代的な課題について、経済産業省製造産業局伝統工芸品産業室が平成20（2008）年に作成した「伝統的工芸品産業をめぐる現状と今後の振興施策について」では、5つを挙げている（図表4）。

図表4　伝統的工芸品産業の課題

> 1．国民生活様式や生活空間の変化、大量生産方式による安価な生活用品の普及、海外からの輸入品の増加などを背景にした需要の低迷
> 2．製造工程の主要部分が手工業的でなくてはならず、量産化に不向き
> 3．若年層の製造業を敬遠する就労意識、それに伴う作り手の高齢化といった人材、後継者問題
> 4．原材料の枯渇、生産用具提供の減少など生産基盤の減衰
> 5．利便性を重視する日常生活への構造的変化、冠婚葬祭など伝統的・慣習上の機会の減少

出典：経済産業省製造産業局伝統工芸品産業室「伝統的工芸品産業をめぐる現状と今後の振興施策について」（2008年）

　これらの課題は、一つの産地や一事業者で対策を講じることが困難なものばかりである。これまで多くの伝統的工芸品産地は、こうした外的要因の変化や

課題に対して、柔軟に適応することで生き残ってきた。むしろ適応できない産地は消滅の一途をたどっている。

　伝産法では、外的条件への適応のため、人材育成や共同展示会の開催、商品開発支援など、短期的かつ単発的な支援を振興施策として積極的に展開してきた。しかし、場当たり的な施策の感は否めず、その支援が本当に必要な施策なのか、さらに根源的な問題として、伝統的工芸品の存在意義は何なのかを検証し、その上で国としての伝統的工芸品産業全体の支援を再考する必要があろう。

　下平尾氏が指摘するように、高度経済成長は伝統産業の衰退の要因であり、伝産法も一時的に衰退の歯止めをかける限定的な効果しかみられなかった。ただし多くの伝統的工芸品の生産額は昭和58（1983）年をピークに減少したが、すべてがそうだったわけではない。高度経済成長期以降、バブル崩壊まで着実に成長を続けた伝統産業が存在する。それが漆器産業である。

3．漆器産業の歴史的変遷
（1）漆器産業の製造品出荷額等

　まず、漆器産業の状況を概観する。漆器産業は、伝産法が施行された昭和49（1974）年からバブル期の平成3（1991）年まで、従事者数が2万人程度であまり変化なく推移したのに対し、製造品出荷額は540億円から1600億円と、3倍近く増加している（図表5）。しかし、平成26（2014）年には318億円と、ピーク時の20％まで減少した。このような生産額の変動の理由として、高額漆器が美術工芸品的な嗜好品として扱われ、景気の動向に影響を受けたことが挙げられる。バブル期は高価なものほど売れたのである。これは、伝統工芸品産業全体の生産額のピークが昭和59（1984）年だったのに対し、漆器産業がバブル期の平成2（1990）年であったことからも推察される。

　さらに、昭和49（1974）年の伝産法制定以降、高度経済成長の大量消費社会への反省で、伝統的工芸品を見直そうとする機運が高まり、比較的身近な日用食器に注目が集まったことも、バブル期までの生産額の伸びを後押ししている。

　しかし、平成3（1991）年のピーク以降、漆器産業は下降の一途をたどる。衰退原因は、和から洋への生活様式の変化、大量消費型社会の進展、安価な輸入品の増加といった外的要因に加え、そのような環境に適応しない商品開発、新

図表5 漆器業における製造品出荷額等・事業所数・従業者数の推移

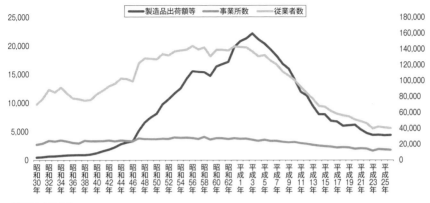

工業統計表より作成

たな流通経路を生みだすことができなかった点が挙げられる。つまり、漆器産業の性格上、過度に伝統的技術に固執し商品開発が進まず、さらに流通経路も消費地問屋や百貨店への依存体質があった。ニーズに合ったものづくりができないのは、作り手と使い手のコミュニケーション不足が原因であり、商品開発と流通構造の問題は、同時に考えるべき課題であろう。

(2) 漆器の分類

ここで漆器の分類を整理しておく。漆器は文化的な価値から分類すると、①伝統的工芸品、②普及型・大量生産型の木製漆器、③近代漆器、の三種類に分けられる。

伝統的工芸品の漆器とは、伝産法に基づく認定を受けたものである。木製の素地に天然の漆の樹液を塗装するものである。普及型・大量生産型の木製漆器は、伝統的な技法ではないが、漆と木を用いて生産されたものである。近代漆器は、木地の代わりにプラスチック素地を、漆の代わりにカシュー塗料などを用いており、厳密には漆器とはいえない。少し古いデータとなるが、図表6は、平成18(2006)年度の産地生産額とその生産額に占める伝統的工芸品の割合である。元来ほとんどが手仕事で木地に漆を塗るものが大半だった漆器産地は、伝統的工芸品の生産比率を減少させ、伝統的な工法によらない木製漆器やプラスチック製品に転換している。

第11章 北陸の漆器産業の歴史的変遷と今後の展開 163

図表6　産地生産額に占める伝統工芸品の生産額（平成18年度）　　　（単位：百万円）

産地名（府県名）	産地生産額	伝統的工芸品	比率
輪島塗（石川）	7,200	7,200	100.00 %
京漆器（京都）	1,000	1,000	100.00 %
鎌倉彫（神奈川）	954	954	100.00 %
金沢漆器（石川）	200	200	100.00 %
大内塗（山口）	200	200	100.00 %
新潟漆器（新潟）	50	50	100.00 %
川連漆器（秋田）	1,330	1,180	88.70 %
鳴子漆器（宮城）	64	45	70.30 %
津軽塗（青森）	672	467	69.50 %
小田原漆器（神奈川）	150	90	60.00 %
木曽漆器（長野）	3,200	1,600	50.00 %
浄法寺塗（岩手）	70	20	28.60 %
若狭塗（福井）	43	20	46.50 %
飛騨春慶（岐阜）	1,500	600	40.00 %
村上木彫堆朱（新潟）	500	200	40.00 %
山中漆器（石川）	12,500	4,000	32.00 %
琉球漆器（沖縄）	361	54	15.00 %
会津塗（福島）	7,750	800	10.30 %
高岡漆器（富山）	970	100	10.30 %
香川漆器（香川）	8,000	800	10.00 %
越前漆器（福井）	7,500	750	10.00 %
紀州漆器（和歌山）	5,680	410	7.20 %
秀衡塗（岩手）	220	2	0.90 %

出典：伝統的工芸品総覧　平成18年度版より著者作成

4．漆器産地の発展を巡る二つの潮流

（1）伝統的工芸品の近代漆器の転換

　漆器には伝産法に基づく木製の素地に天然漆を塗装するものと、そうでないものがあることは前述の通りであり、その分岐点は高度経済成長期であった。では伝統的な工法から一転し機械化による近代化を図り、大量生産に向かうことはどう評価すべきだろうか。

　伝統を守った代表的な産地は図表6のとおり、輪島、京都、金沢、川連などであり、機械を導入し高度化したのは、山中、会津、越前、紀州などである。そこで2つを代表する輪島と山中を取り上げて検証する。

山中漆器産地は、昭和34（1959）年にいち早く近代漆器に転換し、昭和21（1946）年に3000万円しかなかった生産額を、昭和34（1959）年には80億円に増加させた。伝統的工芸品産地から日用雑器の生産に転換し成功した事例と言える。

　輪島漆器産地はどうだったのか。熊野毅氏の昭和61（1986）年の資料によると、輪島漆器組合は、昭和28（1953）年頃、町当局から要請があり、組合の役員全員、町役場の懇談会に出席し、生活様式の変化と時代に適合した化学製品の出現に対する対応を協議している。その後、漆器組合も、協議と視察を重ね、あらゆる角度から検討のうえ、いかなることがあっても、輪島は漆で生きる限り、現在の製造方式を堅持し、経営努力をすることが最善の道であるとの結論に達し、その旨、町当局に具申したという。石川県からも、積極的に中小商工業の近代化を進めるという趣旨から、再三、生産の近代化の指導方針があったが、輪島漆器は伝統を守るという方向を貫いた。では輪島と山中はどちらが良かったのか。

　結論から言えば、どちらが良いとは一概に言えない。機械化を選択した山中、選択しなかった輪島は、真逆な選択だったのにもかかわらず、どちらもバブル崩壊まで成長を続けた。そこで両産地の選択についてそれぞれ歴史的な経緯を見てみる。

（2）輪島・山中漆器産地の生産額の推移

　図表7は、輪島と山中の生産額の推移である。輪島は平成3（1991）年、山中は昭和63（1988）年が生産額のピークとなっている。なお輪島の生産額はすべて伝統的工芸品であるが、山中は昭和34（1959）年以降、プラスチック漆器の生産額が含まれているため、伝統的工芸品産業振興協会資料の伝統的工芸品の数値データを加えるとともに、図表8で生産額に占める伝統的工芸品の割合を示した。

　このように伝統を守った輪島と新たな技術やデザインを取り入れた山中という対照的な二つの産地は、高度経済成長期以降バブル崩壊まで、ほぼ右肩上がりで成長してきた。山中は機械化をはかることで生産額を伸ばしたといえるが、輪島はなぜ伸ばし続けることができたのだろうか。一方で山中はなぜ他産地や海外などの競争に勝つことができたのであろうか。

図表7　輪島・山中漆器産地　生産額の推移

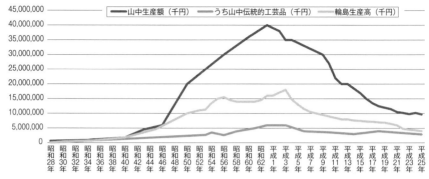

輪島漆器商工業協同組合、山中漆器連合協同組合資料、伝統的工芸品総覧より作成

図表8　山中漆器産地の産地生産額に占める伝統的工芸品の割合

	産地生産額 （百万円）	うち伝統的工芸品 （百万円）	比率
昭和56年	22,000	2,630	11.9%
昭和58年	32,000	3,900	12.1%
昭和61年	40,000	5,000	12.5%
昭和63年	40,000	6,000	15.0%
平成3年	37,000	6,000	16.2%
平成6年	33,000	3,950	11.9%
平成10年	28,000	3,600	12.8%
平成13年	18,500	3,000	16.2%
平成17年	12,500	4,000	32.0%
平成25年	9,700	2,910	30.0%

伝統的工芸品総覧より作成（産地生産額の欠損は山中漆器連合協同組合資料から補填）

（3）輪島漆器産地の対応

　まず輪島漆器の生産工程を簡単に説明しておく。輪島漆器は塗師屋を中心とした高度に専門化した分業システムによって生産される。塗師屋は商品を作ろうとする場合、木地師に木地の製作を依頼し、その木地は下地塗りや研物、上塗りの職人によって塗り上げられ、さらに加飾がされる場合は、蒔絵や沈金、呂色等の職人に外注され、最終的に7、8人の職人が関わることで製品が完成する。

　こうした作業工程において素材の転換や機械の導入で生産性を高めることができる。特に代用漆の使用と木地のプラスチック素地への転換は、木地製作工程と塗りの工程を効率化するものである。しかしながら輪島はこうした変化を拒み、その結果バブル崩壊まで生産額を伸ばし続けてきた。

プラスチック素地の導入は拒絶したが、輪島では漆器木地生産の近代化を推進するため、組合による木工共同作業所の建設を推し進め、昭和32（1957）年6月、木地製作に必要な機械設備を完備した量産可能な作業所を完成させた。しかし、プラスチック素地による市場の侵食に加え、度重なる水害被災により昭和33（1958）年には作業所を閉鎖し、機械設備を売却している。そして昭和37（1962）年前後に木地製造に関し他産地のプラスチック素地ブームに刺激され、輪島でも一部導入が図られた時期があるが、需要者からの厳しい批判によりすぐに撤退している。また昭和42（1967）年頃、角物木地（指物木地）の木工機械の導入が見られる。

　また昭和30年代は、高度経済成長期の前半である。輪島は山中のように技術革新がないのにかかわらず、生産額は5倍に増加した。この時期に長崎国旗事件で中国からの漆の輸入が禁じられ、漆が高騰するなど漆器業者がパニックに陥ることになった。さらに追い打ちをかけるように、ライフスタイルの変化や他産地の安価なプラスチック漆器の生産開発などで、輪島漆器の椀や膳の需要などが減少した。輪島は戦前から椀や膳の生産が中心で、ごく一部で卓や棚類、硯箱等の美術的な調度品が注文生産で作られる程度であった。そしてこの逆境を乗り越えるため装飾品としてのパネルを開発するとともに、住宅需要に伴う座卓等の大型家具の販売で克服した。図表9のとおり、装飾品の製品別売上比率は昭和42（1967）年には25.8％、47（1972）年には32.1％と増加している。昭和30年代の製品別の売上比率は不明だが注文生産だったことから考えるとそれほど多くの生産額ではなかったことが推察される。

　昭和40年代も、生産額が5倍超となった。当時、旅館や料理店は木製漆器からプラスチック漆器へ転換し、輪島は大打撃を受けることになる。しかし能登半島観光ブームが起こり、観光客をターゲットにした店舗販売によって、売上

図表9　輪島漆器の製品別売上比率

	飲食	茶道具	装飾品	小物	修理	箸	その他
S42	66.3	0	25.8	7.9	0	0	0
S47	39.7	7.9	32.1	8.7	0	0	11.5
S58	42.9	10.3	26.4	7.7	0	0	12.7
H3	36.7	4.4	32.3	17.4	1.4	6.6	1.2

輪島漆器産地調査各年度から作成

図表10　輪島漆器の販売先別売上比率

	卸商・小売店	百貨店	料理店旅館	直接消費者	自社店舗	仲間売	その他
S42	31.2	6.5	39.2			3.1	20
S47	39.8	6.5	14.9	13.6	15.6	7.5	2.1
S58	41.4	7.6	4.5	23.1	16	6.7	0.5
H3	39.4	9.8	5.5	19.2	20.6	2.9	2.6

輪島漆器産地調査各年度から作成

を伸ばしている(図表10)。昭和47(1972)年には住宅需要がピークとなり、座卓など大型家具がさらに売れることとなった。

　昭和50年代の安定成長期には、伝産法の施行、輪島塗の技術が文化庁から「重要有形民俗文化財」に指定されるなど追い風が吹いた。さらに近代漆器の飛躍的な発展が本物嗜好の風潮を生み出し、相乗効果を生み出している。この時期、輪島では労働環境の改善をはかるため、合理的な賃金方式を導入するなど、人材の定着と育成に力点が置かれていた。そうして高い技術を受け継ぎ、人材の層を確保する中で昭和60(1985)年以降バブル期に突入し、高級美術品として評価されていた輪島漆器が飛ぶように売れることになったのである。

　このように輪島漆器産地は、機械化にとらわれず、市場ニーズを的確に捉え、住宅需要と関連した座卓などの高価家具や漆パネルなどの新商品を開発し、輪島漆器のもつ美術品、高級品的なイメージの本物志向を貫いたこと、そしてそれらを支える人材とその教育システムを構築しつつ、何より塗師屋と呼ばれる生産と販売を取りまとめる問屋機能を持続したことが成長につながったと考えられる。

(4) 山中漆器産地の対応

　山中は高度経済成長期の漆器産業で、機械化をはかり成功した代表的な産地である。樋口博美氏の平成27(2015)年の資料などから高度経済成長期の山中漆器産地の歴史的経緯を概観する。

　山中漆器産地の起源は湯治客相手の土産物である。輪島が高級な室内調度品などを生産していたのに対し、山中は低価格の日用飲食器が中心であった。このことが功を奏し、戦後の生活必需品の需要から山中の飲食器が急激に生産高を伸ばすことになる。昭和22(1947)年には輪島を上回り、昭和25(1950)年には輪島の倍の生産高となった(図表11)。そして山中ではこの大量需要に対

図表11　山中・輪島の漆器生産額の推移

	明治40年	明治44年	大正2年	大正4年	昭和22年	昭和25年
山中	189,500	356,607	405,603	406,930	55,500,000	312,696,800
輪島	615,070	697,620	776,540	675,530	48,590,000	156,600,000

若林喜三郎編著「山中町史」(1959) 山中町史刊行会より作成

応するため、代用漆の使用とプラスチック素地という近代漆器にシフトした。

　国内の近代漆器導入のきっかけとなったのは、昭和25（1950）年に実用化されたカシュー塗料である。カシュー塗料は、スプレー・ガンによって吹き付け塗装が可能である。

　プラスチック素地については、ユリア樹脂、フェノール樹脂、メラミン樹脂が用いられた。山中では当初東京や大阪から素地を移入していたが、昭和33（1958）年以降、本格的にプラスチック漆器の生産を始めた。フェノール樹脂は漆の密着性が高く、成型した素地に漆を塗り、その後代用漆を用いて生産するようになった。

　この頃生産された近代漆器は、天然素材の素地と比べ、ゆがみやくるい（変形）がおきることがなく、さらに通常の漆器製造過程に必要となる上塗り塗装前の下地作業が不要となる。その結果、大量生産と低コストを実現したが、従来の漆器よりも水に弱く、漆がはげやすいという欠点を持ち、品質面では課題を抱えていた。それでも産地の高度化に大きく寄与した。

　そして昭和38（1963）年には加賀山中漆器生産団地、山中漆器工業団地を造成し、さらに生産高を拡大した。さらに昭和40年代後半には、プラスチック成型技術で新しい技術革新が起こり、これまでのフェノール樹脂などからABS樹脂への変更と、それに伴う新たな成型機が開発され、他産地に先駆けて安価で大量生産が実現した。そして生産性の向上が、その後のブライダル市場などのカタログギフトなどへ先行者として参入することができたのである。

　このように山中漆器産地の機械化は、生産性を大きく向上させ、生産高を劇的に拡大させた。しかし機械化の進展は、天然漆を使い、木地素地を用いる伝統的な工芸品を産地内から淘汰する危険を合わせ持つ。樋口博美氏の平成27（2015）年の資料によると、昭和30年代に伝統的な木製漆器を扱っていた多くの事業者が近代漆器に転職し、加飾技法を持った蒔絵師もスクリーン（転写）

に転職する例が多かったことを指摘している。ただし、前述の伝統的工芸品協会の調査では全体の生産高が大幅に変化するのに対し、伝統的工芸品は30億円から60億円程度を安定して推移しており、これを見る限り、伝統的工芸品としての機能を喪失したわけではないことがわかる。むしろ山中は本物を残しつつ、近代漆器の開発で双方の相乗効果をはかってきたハイブリッド型の産地であり、同様の国内外のプラスチック製造事業者にはないデザイン力や創造性を発揮しながら生き残ってきた産地であった。

5. 近年のトレンドと新たな取り組み

（1）バブル期は何が売れたか

　高度経済成長以降、輪島、山中の二つの産地は全く異なる選択をし、それぞれの特徴を活かしてバブル崩壊まで成長を続けることができた。しかし現在どちらの産地も衰退に歯止めがかからない。この傾向は前述のとおり二つの産地に限ったことではなく、図表5のとおり漆器産業全体が縮小している。漆器産地は今、何をすべきなのだろうか。

　売れない理由を考えるために、まずはバブル期の漆器産地ではどういうものが売れたのか、これまでの調査から検証する。「漆器に対する消費者の意識調査報告書」では昭和62（1987）年2月に実際に漆器を購買している層を調査対象とし、東京、大阪、名古屋、北陸三県に在住する会社役員3056人にアンケート調査を実施した。回答があったのは803人で、回収率は26.5％であった。

図表12　漆器所有の有無と使用希望について

	椀類	膳盆類	重箱弁当箱	銘々皿	花器置物台	宝石箱硯箱	とそ器	茶道具類	家具	額パネル	その他
すでに持っているもの	91.5	87.5	81.0	64.7	61.5	51.2	43.7	43.2	36.2	33.5	10.3
今後使いたいもの	22.5	13.7	13.1	12.0	12.2	6.8	12.2	12.6	19.4	8.8	28.7

財団法人石川県中小企業振興協会中小企業情報センター（1987）「漆器に対する消費者の意識調査報告書」

　図表12のように、持っている、持っていないにもかかわらず、今後使いたいものが12～13％に集中し、中でも椀類（22.5％）、家具類（19.4％）に需要があることがわかる。椀類は普段から需要があり、また家具は高価なため買い控

えているが、機会があれば購入したい商品と位置付けられる。したがってバブル期にこの高額な家具の売上が伸びたと考えられる。

この調査から明らかになってきたのは、富裕層の幅広い漆器の所有と、日常的な漆器の使用である。購入商品内容は、「椀類」「膳・盆類」「銘々皿」などが多く、嗜好性や美術性の強い高額商品はあまり多くない。また購入は自家用が3分の2で、贈答が3分の1を占めている。購入先も百貨店が多く、訪問販売はほとんど見られない。産地で直接買い求める率は意外と高い。使ってみたい漆器製品は、日常生活に使用する「椀類」と高額で購入が難しい「家具」の割合が高い、さらに40代以下の使用が極端に少ないことである。

このようにみてくると、輪島漆器産地が昭和62（1987）年の140億円の生産額が平成3（1991）年の180億円に向けて増加していくなか、高額な家具や贈答品の占める割合が大きかったと思われる。また所得の上昇に伴い購買意欲が高まる中で、他産地と一線を画した高級品としての輪島塗ブランドは、成長に大きく貢献している。

図表13　製品別売上の割合

	飲食	茶道具	装飾品	小物	修理	箸	その他	計	生産額（千円）
平成3年	36.7%	4.4%	32.3%	17.4%	1.4%	6.6%	1.2%	100%	18,000,000
平成25年	44.0%	3.9%	14.8%	11.0%	4.7%	8.1%	13.5%	100%	4,000,000

石川県商工労働部企業経営課（1993年）「輪島漆器製造業産地診断報告書」、金沢大学、輪島市、輪島漆器商工業協同組合（2015年）「輪島塗漆器産地調査報告書」、より著者作成　※生産額は輪島市統計より

ではバブル期と崩壊後の売上の内容を平成5（1993）年と平成27（2015）年にまとめた産地調査で比較する。図表13のとおり、小物類が平成3（1991）年の17.4％から平成25（2013）年には11.0％へ、室内装飾品類も平成3（1991）年の32.3％から平成25（2013）年の14.8％へ大幅に率を下げた。つまり室内装飾品類の年間生産額は、58億円から5.9億に減少したことになる。室内装飾品類は座卓など高額なものが多く、景気の動向に左右されやすい。バブルの時期は高いものが売れる時代であり、消費者が本当に必要かどうかの判断がなくても売れる側面があった。その後、ライフスタイルの変化から和室が激減し座卓などは売れなくなり、さらに家具量販店などの隆盛によって市場からの退席を余儀なくされたのである。

（2）バブル崩壊後のトレンド

　このようにバブル崩壊以降、産地は衰退し体制は大きく変容した。しかし衰退するなかで、生産額を増やし、雇用を生んでいる事業所もある。どのような事業所が成果をあげているのだろうか。

　近年の輪島漆器産地は高級美術品、高級日用品の二極化が進んでいるといわれる（図表14）。高級美術品の路線とは、江戸時代後期から明治時代初期の伝統技術の復活を図る流れである。近代に入り日本は鎖国を終え、ヨーロッパとの交易が始まり、漆工芸に注目が集まった。廃藩置県により幕府や藩のお抱えだった漆器職人たちはその職を追われたが、海外向けの漆器がブームとなることで高い技術力を持った職人はそうした職に転じていく。そして明治時代の初期にその技術力が頂点を極めるのである。しかしその後、ブームが下火になるにつれ、その技術そのものが失われてしまった。そうした技術の復活を目指す動きが高級美術品路線であり、富裕層がその対象となる。

　一方で高級日用品の路線は、食器や小物、あるいは住宅建材などの分野でみられる。日常的に使用するものを自分だけのこだわりの品として使用するものである。漆に関しては見た目だけではなく、口当たりや耐久性、抗菌作用など機能面でも高く評価されている。さらに天然素材ということで、環境に優しい。さらに修復が可能ということで、こだわりを持ち意識の高い人たちには魅力的に感じるものである。そうした人たちに物語性とデザイン性の高いものを提供する流れである。

　そしてこの両路線に共通するのは、古くからの輪島塗のこだわりは維持しつつも、全く新しいことへ挑戦する姿勢である。

図表14　輪島の高級美術品路線と高級日用品の代表的工房

	高級美術品路線	高級日用品路線
工房名および代表者	彦十蒔絵（代表　若宮隆志） 北村工房（代表　北村辰夫）他	赤木工房（代表　赤木明登） 輪島キリモト（代表　桐本泰一）他

（3）輪島漆再生プロジェクト実行委員会の取り組み

　最後に近年注目される国産漆の再生の取り組みを行う団体を紹介する。

　輪島漆再生プロジェクト実行委員会は、輪島の漆器事業者が中心となって結

成した任意団体である。メンバーは塗師屋や職人や作家など漆器事業者、行政職員、大学教員などである。代表の若宮隆志氏は国際的に活躍する漆芸作家で、本人が漆の木を植栽、生育、さらには漆掻きを行い、その漆を作品に使用している。その取り組みを産地に広げようとするものである。

　平成23（2011）年度に（財）北陸建設弘済会（現・一般財団法人北陸地域づくり協会）による助成を受け、漆の生育方法や漆精製の研修会、植栽事業などを実施し、その後もセミナーや植栽を継続してきた。事業実施には、輪島市、輪島漆器商工業協同組合、金沢大学、富山大学等と連携し、一般市民を巻き込みながら推進している。

（写真）輪島漆再生プロジェクト実行委員会が企画した輪島産漆と輪島産木地による純輪島産材による輪島塗

　平成28（2016）年度は、石川県の震災復興基金の補助を受け、研修や植栽事業に加え、漆や木材などすべての原材料を輪島産で制作する「純輪島産材による輪島塗づくり」を企画した。特に漆採取後の未利用木材を活用した製品づくりはこれまで例がなく、マスコミにも多数取り上げることで「輪島漆」の認知度とブランド力向上を推進してきた。

　平成29（2017）年度は輪島クリエイティブデザイン塾という人材育成塾を実施している。約30人が参加し、受け身の講座ではなく、主体的に関わることをコンセプトとしており、参加者が実際に手を動かして図面をかく、データをまとめるなど、ワークショップ形式で実施している。平成29（2017）年10月から月1回、3月までに6回開催し、作り手に求められる企画やデザイン力の向上を目指す取り組みである。

（写真）輪島クリエイティブデザイン塾でのグループワークの様子

　このデザイン塾の塾長は輪島キリモトの桐本泰一氏である。桐本氏は平成7（1995）年から5年間、輪島漆

第11章　北陸の漆器産業の歴史的変遷と今後の展開　173

器商工業協同組合の商品開発委員会で商品開発とPRのための勉強会を企画実施した経験があり、その時の参加者が20年を経過した現在も活躍していることから、人材教育の必要性を実感していた。そして今回の塾の企画を実施したのである。前回と異なるのは、塾を桐本氏の中堅世代（50代、60代）と若手世代（20代、30代）が交流する場として位置づけたことである。そして最終的に商品企画されたものは、輪島産漆を用いて試作することで、輪島漆の需要も喚起され、漆の木の植栽も進む好循環を狙っている。

このように高級美術品路線で成果をあげている若宮隆志氏と、高級日用品路線で成果をあげている桐本泰一氏の二人の産地振興への思いが新しい動きにつながっている。すぐに成果が出るものではないが、今後の動向に注目すべき取り組みと言える。

6. おわりに

本稿では、漆器産地の高度経済成長期から現在までの成長と衰退の流れを、統計やアンケート結果などを通じて明らかにしてきた。そして高度経済成長期には機械化を図った山中と伝統的工法を堅持した輪島を比較対比しながら、どちらもバブル期までの成長を続けることができた成長要因の違いを明らかにした。そしてバブル崩壊後、産地が衰退する中で輪島産地での新たな動きについて紹介した。

今後の展開については明確な答えは導き出すことができないが、小さな取り組みを複合的かつ持続的に続けていくほかに方法はない。そんな中で、すでに一定の成果を出している若宮氏や桐本氏が、周りを巻き込みながら新しい取り組みにつなげていることは評価すべきことである。高付加価値、人材育成、ネットワーク、グローバルなど多様な要素を合わせながら、新たなプロジェクトを重ねていくことで光明が見出されると思われる。

参考文献
・石川県中小企業総合指導所「輪島漆器産地診断報告書」（1967年）
・石川県経済部中小企業総合指導所「輪島漆器業産地診断報告書」（1972年）
・石川県商工労働部中小企業指導課「輪島漆器産地診断報告書」（1984年）

- 石川県商工労働部企画経営課「輪島漆器製造業産地診断報告書」（1993年）
- 石川県中小企業振興協会中小企業情報センター「漆器に対する消費者の意識調査報告書」（1987年）
- 岩田貴子『マーケティング・アーキテクチャー』税務経理協会（1998年）
- 上野和彦『地場産業産地の革新』古今書院（2007年）
- 上野和彦・(財)政策科学研究所『伝統産業産地の行方―伝統的工芸品産地の現在と未来―』東京学芸大学出版会（2008年）
- 金沢大学、輪島市、輪島漆器商工業協同組合「輪島塗漆器産地調査報告書」（2015年）
- 桐本泰一「奥能登でつながる人のつながり―"わいち流"能登空港の活かし方」『地域経済ニューズレターCURES』67号（2004年）
- 熊野毅『輪島塗の変遷と漆器組合』ヨシダ印刷（1984年）
- 経済産業省製造産業局伝統工芸品産業室『伝統的工芸品産業をめぐる現状と今後の振興施策について』経済産業省（2008年）
- 経済企画庁平成4（1992）年 年次経済報告（経済白書）
- 後藤和子・福原義春『市民活動論』有斐閣コンパクト（2005年）
- 米屋信弘ほか『北陸の主要工業の過去・現在・未来』財団法人北陸経済研究所（1995年）
- 産地活性化委員会・情報収集事業委員会編「輪島塗ガイドブック」輪島市（2000年）
- 財団法人東北産業活性化センター編『伝統産業新時代』日本地域社会研究所（2004年）
- 下平尾勲『地場産業』新評論（1996年）
- 須山聡『在来工業地域論』古今書院（2004年）
- 伝統的工芸品産業審議会『21世紀の伝統工芸品産業施策のあり方について―新たな生活文化の創造に向けて―』経済産業省（2000年）
- 伝統的工芸品産業振興協会編『全国伝統的工芸品総覧 平成18年度版』同友館（2007年）
- 中室勝郎『なぜ、日本はジャパンと呼ばれたか』シナノ書房印刷（2009年）
- 蓮見孝『地域再生プロデュース―参加型デザイニングの実践と効果―』文眞堂（2009年）
- 樋口博美「ものづくり産地のしくみと技能伝承の変容と現実：山中漆器産地の高齢期にある職人の生業とくらしから」人文科学年報（45）23－53p 専修大学人文科学研究所（2015年）
- 北陸経済連合会『北陸の伝統工芸産業を考える～魅力ある北陸づくりへの提言～』（1994年）
- 北國新聞社編集局『漆はジャパンである』時鐘舎（2008年）
- 柳宗悦『手仕事の日本』岩波文庫（1985年）
- 安嶋是晴「輪島漆器産地の再生における一考察―産地の発展と塗師屋文化の関係から―」地域公共政策学会『地域公共政策研究』第19号（2011年）
- 安嶋是晴「高度経済成長期からバブル崩壊までの漆器産地成長要因の分析―輪島と山中の漆器産地を対象に―」地域公共政策学会『地域公共政策研究』25号（2017年）

・安嶋是晴「バブル崩壊以降の輪島漆器産地の変容と展開」地域公共政策学会『地域公共政策研究』26号（2018年）
・四柳嘉章『漆Ⅱ』法政大学出版局（2006年）
・輪島市『21世紀クラフトプラン　漆の里建設計画』（1986年）
・若林喜三郎編著「山中町史」山中町史刊行会（1959年）

第12章
観光産業で見る北陸3県

金沢大学　寒河江　雅彦、藤生　慎

1．はじめに

　北陸3県の観光データから、観光客の推移とそれを取り巻く社会環境との関係を見ていく。観光客とは県外から訪れる観光入込客、ビジネス客を含めた来訪客全体とする。観光入込客とは、日常生活圏以外の場所へ旅行し、そこでの滞在が報酬を得ることを目的としない者とする。観光庁の共通基準では、観光地点及び行祭事・イベントを訪れた者を観光入込客としている。

　2節では、北陸3県を訪問した観光入込客数の推移を過去50年にわたってまとめていく。その時代の主な経済状況、北陸地域に関わる出来事も参考のために記しておく。

　3節では、北陸3県は観光客の来訪によって「何かいいことはあったのか？」という質問に一つの回答を述べていく。具体的には、観光客が来訪して消費するお金によって各県内の産業がどのくらい潤うか、雇用はどのくらい増えるか、どんな産業にどのくらいお金が回るのかを産業連関分析という手法を用いて、過去から、現在までの観光による経済波及効果を分析する。

　4節では、北陸新幹線開通後の観光客及びビジネス客による石川県へ経済波及効果を試算し、観光資源、ビジネス、宿泊、交通網の観点から分析を試みる。

　5節では、近年の北陸3県の観光に関連した大きな変化、今後の北陸3県の観光客やビジネス来訪者を増やす仕組みや環境整備についても考えていく。具体的には最近の北陸新幹線開通、インバウンド（外国人の訪日客）の増加、クルーズ船による観光客の増加、空港は新幹線による乗降客の減少と新たな外国への人流と物流の大陸側（日本海側）のゲートウェイ機能の急増など新たな展開についてここ数年の変化について述べる。

2. 観光客の推移

　北陸3県の観光入込客数の推移を見てみよう。各県によって、収集できたデータの年数が異なるが、概ね昭和35（1960）年から平成28（2016）年までの推移を図表1に示す。また、図表1の上部には、その年度あるいはその時期の主な経済的な動向を例示し、下部には北陸三県に関係のある交通整備状況、観光資源、観光に影響を及ぼす災害を参考までに記しておいた。各県ごとに観光入込客数の推移について見ていく。

（1）福井県

　高度経済成長期（昭和35〔1960〕年から昭和48〔1973〕年以前）は観光入込客数が年々増加している。昭和48（1973）年以降は1000万人前後で推移するが、アベノミクス期、北陸新幹線開業により大幅に観光入込客数は増加している。

（2）富山県

　観光入込客数は安定成長期（昭和48〜平成3〔1973〜91〕年）に大幅な増加をみせ、以降も増加傾向にある。北陸自動車道の開通（平成4〔1992〕年）や五箇山の世界遺産登録（平成7〔1995〕年）等の影響から一時的に急増する様子もうかがえる。

図表1　北陸3県の観光入込客数の推移

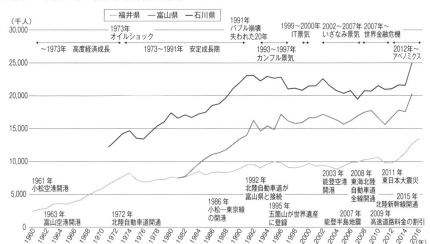

（3）石川県

　観光入込客数は安定成長期（昭和56〜平成3〔1981〜91〕年）の間に1000万人近く増加しているが、以降は横ばい、あるいは減少傾向にある。中でも能登半島地震の影響により、平成19（2007）年の観光入込客数は安定成長期以降では最小値を記録している。一方で北陸新幹線開業による観光入込客数増加の効果（平成27〔2015〕年以降）は北陸3県で最も大きいことが分かる。

3. 観光による地域経済波及効果

　北陸3県の観光入込客数の推移を前節では見てきたが、観光の地域経済効果を見ていくことにする。観光による地域経済波及効果としては、北陸各県ごとの産業連関表を用いた経済波及効果の推移を見ていく。

（1）総合効果

　産業連関分析は各県ごとに平成7（1995）年、平成12（2000）年、平成17（2005）年は5年毎に平成23（2011）年から平成27（2015）年の直近5年は毎年の経済波及効果を推計している。

　平成17（2005）年において、特に石川県で基準8地点（1995年、2000年、2005年、2011〜15年）の中で観光入込客数が最小であることと、平成12（2000）年から平成17（2005）年にかけて宿泊業に関わる自給率が10％程度減少したことから総合効果が大きく減少したように見える。福井でも平成7（1995）年から平成12（2000）年にかけて自給率が95％から77％に減少したため、波及効果が大きく減少している。富山においても平成7（1995）年から平成12（2000）年にかけて食料品や対個人サービス等を含む全体の自給率が低下したため、前年より観光入込客数が180万人増加しているにもかかわらず、総合効果が前年より低く推計された。観光客一人当たりの総合効果として、石川県が1万6613円と最も高く、富山県、福井県はそれぞれ1万3412円、1万3215円と同程度であった。

　平成7（1995）年から平成27（2015）年の20年間の観光入込客数による経済波及効果はU字型で平成7（1995）年ごろと平成27（2015）年が同じ規模であることが分かる（図表2）。

図表２　北陸３県の経済効果

（2）雇用創出効果

観光入込客による地域経済波及効果の総合効果を金額で推計したが、これが各県の雇用にどのくらい効果があったのかを推計してみる。

雇用創出効果は総合効果の値に依存しているので同じU字型になる。雇用の規模をグラフで見ると、直近の平成27（2015）年では1年間に石川では4万1193人、富山では2万9782人、福井では1万6195人の雇用を生み出していることが分かる（図表3）。また、生産年齢（16歳以上65歳未満）人口比でみると、毎年、生産年齢人口が減少していることから、総合効果が大きく減少した平成12（2000）年、平成17（2005）年を除いて右肩上がりである（図表4）。

（3）対県内総生産（GDP）比

県内総生産に占める観光による経済効果を見ることで県内産業全体に占める観光産業の規模が把握できる。

県内総生産は3県とも平成7～17（1995～2005）年にかけて増加したが、以降は減少、石川県のみ北陸新幹線開業効果で過去最高値付近まで持ち直したが、福井県と富山県は未だ減少傾向で平成27（2015）年のみ増加している。平成17（2005）年は3県とも県内総生産が比較年中最も大きくなった年である。一方で総合効果は観光入込客数減少等により最低水準であったため、下落しているように見える（図表5-8）。

北陸新幹線開業により、3県とも総合効果が過去最高値レベルまで増加したが、県内総生産は平成17（2005）年の方が高い。

図表3　北陸3県の雇用誘発数

図表4　生産年齢人口に占める観光の雇用創出割合

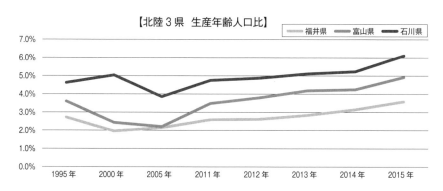

図表5　総合効果の対県内総生産に占める割合

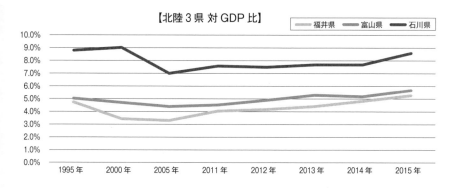

図表6 福井県の産業連関分析による経済波及効果

福井	1995年	2000年	2005年	2011年	2012年	2013年	2014年	2015年	
観光入込客数合計	9,996	9,715	9,302	9,800	9,774	10,344	11,318	12,709	千人
最　終　需　要	120,522	117,134	112,155	118,159	117,846	124,718	136,462	153,233	百万円
直　接　効　果	90,278	73,487	74,480	85,204	84,978	89,934	98,402	110,496	百万円
1次波及効果	31,050	25,191	22,413	29,060	28,983	30,673	33,561	37,686	百万円
2次波及効果	25,962	16,392	15,477	17,943	17,116	18,861	18,901	21,465	百万円
総　合　効　果	147,290	115,071	112,371	132,207	131,077	139,468	150,864	169,647	百万円
雇用誘発者数	14,678	10,386	11,057	12,575	12,493	13,268	14,409	16,195	人
生産年齢人口	539,592	529,017	513,858	484,729	476,832	467,096	457,563	451,409	人
生産年齢人口比	2.7%	2.0%	2.2%	2.6%	2.6%	2.8%	3.1%	3.6%	
Ｇ　Ｄ　Ｐ　比	4.7%	3.4%	3.3%	4.0%	4.2%	4.4%	4.8%	5.3%	
Ｇ　　Ｄ　　Ｐ	3,107,711	3,356,105	3,409,946	3,272,789	3,147,110	3,163,823	3,129,992	3,216,571	百万円

図表7 富山県の産業連関分析による経済波及効果

富山	1995年	2000年	2005年	2011年	2012年	2013年	2014年	2015年	
観光入込客数合計	14,859	16,642	15,664	15,606	16,688	17,802	17,575	20,308	千人
最　終　需　要	204,613	229,166	215,699	214,901	229,801	245,141	242,015	279,650	百万円
直　接　効　果	143,006	148,701	139,520	132,474	141,659	151,115	149,188	172,388	百万円
1次波及効果	51,362	43,937	39,540	40,059	42,836	45,696	45,113	52,128	百万円
2次波及効果	38,805	35,604	30,779	27,869	27,727	34,722	36,667	35,268	百万円
総　合　効　果	233,173	228,242	209,839	200,402	212,223	231,533	230,968	259,784	百万円
雇用誘発者数	27,110	17,786	15,541	22,932	24,399	26,332	26,138	29,782	人
生産年齢人口	751,639	730,541	702,924	658,247	643,043	629,168	616,124	605,545	人
生産年齢人口比	3.6%	2.4%	2.2%	3.5%	3.8%	4.2%	4.2%	4.9%	
Ｇ　Ｄ　Ｐ　比	5.0%	4.7%	4.4%	4.5%	4.9%	5.3%	5.2%	5.7%	
Ｇ　　Ｄ　　Ｐ	4,635,308	4,850,953	4,781,879	4,429,104	4,335,165	4,371,408	4,452,554	4,575,717	百万円

図表8 石川県の産業連関分析による経済波及効果

石川	1995年	2000年	2005年	2011年	2012年	2013年	2014年	2015年	
観光入込客数合計	22,686	21,496	20,397	20,985	21,055	21,632	21,611	25,018	千人
最　終　需　要	388,767	368,374	349,541	359,617	360,817	370,705	370,345	428,730	百万円
直　接　効　果	259,321	256,331	213,461	229,575	230,341	236,653	236,424	273,696	百万円
1次波及効果	91,265	79,157	66,898	60,801	61,004	62,676	62,615	72,486	百万円
2次波及効果	42,255	72,709	42,851	46,129	47,276	49,864	53,486	58,614	百万円
総　合　効　果	392,842	408,197	323,210	336,505	338,621	349,193	352,524	404,796	百万円
雇用誘発者数	36,951	39,337	29,293	34,352	34,532	35,564	35,771	41,193	人
生産年齢人口	799,338	781,137	759,371	722,808	709,065	696,198	683,528	674,713	人
生産年齢人口比	4.6%	5.0%	3.9%	4.8%	4.9%	5.1%	5.2%	6.1%	
Ｇ　Ｄ　Ｐ　比	8.8%	9.0%	7.0%	7.6%	7.5%	7.7%	7.7%	8.6%	
Ｇ　　Ｄ　　Ｐ	4,465,058	4,525,058	4,612,872	4,439,678	4,519,515	4,544,888	4,588,000	4,714,909	百万円

　県内総生産に占める観光産業の総合効果の割合は、平成27（2015）年で見ると、福井が5.3％、富山が5.7％、石川が8.6％となっている。また、各県ごとの生産年齢人口に占める観光産業による雇用創出の割合は、福井が3.6％、富山が4.9％、石川が6.1％となっている（図表6－8）。

4. 北陸新幹線累積乗車人数2000万人の経済波及効果分析
～観光・ビジネス客の石川県への経済波及効果～

　北陸新幹線は、上信越と北陸地方を経由して東京と大阪を結ぶ新幹線網であり、高崎—長野間は平成9（1997）年10月1日に、長野—金沢間は平成27（2015）年3月14日に開業した。これをもって、北陸新幹線開業と呼ぶことにする。平成29（2017）年6月15日に北陸新幹線の利用者数（上越妙高—糸魚川）は金沢開業した平成27（2015）年3月14日からの累計で2000万人を突破した。利用者数は開業2年目以降も反動減が小さく、2年目（平成28〔2016〕年3月14日〜平成29〔2017〕年3月13日）の利用者数は前年同期比7％減にとどまった。

　本稿では、交通網の整備で近年最も大きな話題となった北陸新幹線による観光分野の経済波及効果を推計した。ここでは北陸新幹線開業から2年3カ月目の平成29（2017）年6月までの石川県への経済波及効果について述べる。金沢での乗車数を880万人と推計し、この数値を観光入込客数と想定した時の石川県の経済波及効果を推計した。

　北陸新幹線の利用者数は2年3カ月で2000万人を超え、金沢駅の乗車人数は1日平均2万2700人であり、富山駅の7800人の約3倍である。観光資源の地理的利便性から金沢への集中が大きい。企業進出も順調に増加し、ビジネス利用面での存在感も大きい。観光、ビジネス客の経済効果は2年3カ月で3726億円で、雇用創出は4万7257人である。1年当たりに換算し直すと、経済効果は1681億円で2万1000人の雇用を創出していることになる。以上から、観光産業は県内総生産の平均8％で推移する主要な産業といえる（図表8, 9）。

図表9　北陸新幹線が生み出す石川県への経済波及効果

波及効果	生産誘発額（円）	
	2000万人突破（2年3カ月）	1年換算の推計値
北陸新幹線による県内需要発生額	3782億4120万	1681億0720万
直接効果	2488億2446万	1105億8865万
第1次間接波及効果	659億9987万	293億3328万
第2次間接波及効果	577億9439万	256億8640万
総合効果	3726億5866万	1656億2607万
雇用誘発数	47257人	21003人
2015年石川県生産年齢人口	−	674713人
生産年齢人口に占める雇用誘発数の割合	−	3.11％
対2014年県内生産額比	8.12％	3.61％

5. 北陸3県の観光に関連した大きな変化
(1) 観光客日帰り宿泊比

　高速道路網、新幹線等の高速鉄道網の整備により、観光客数は大きな伸びを示している。他方、高速交通網の整備による移動時間の短縮によって観光客の行動にも変化を与えている。ここでは観光客の日帰りと宿泊の比率の推移を3県について見ていく。日帰り観光客と宿泊を伴う観光客の比較は、経済波及効果の観点からは、宿泊を伴う観光入込客が多いほど、経済的な効果は高くなることに注意し、北陸3県の様子を見てみよう。3県ともに日帰り観光客の割合が増加し、宿泊観光客の割合は減少している。具体的には、福井の日帰り客比は昭和64（1989）年の57％から平成28（2016）年には80％、富山は平成6（1994）年の74％から平成27（2015）年には91％、石川県は昭和46（1971）年の51％から平成27（2015）年には67％と増加している。北陸3県では石川県が宿泊客の割合が一番高いことがわかる（図表10−12）。

図表10　福井県の日帰り客と宿泊客の比較

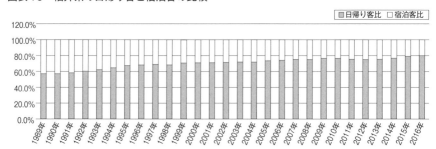

図表11　富山県の日帰り客と宿泊客の比率

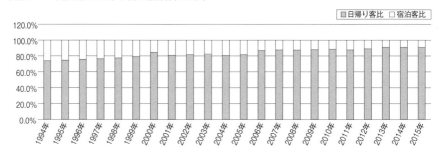

図表12　石川県の日帰り客と宿泊客の比率

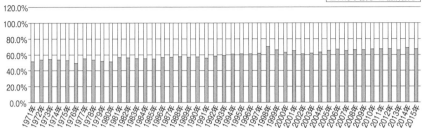

（2）外国人観光客の推移

　外国人観光客の北陸3県への来訪者数を見てみよう。福井は観光庁データで集計中との記載で未収録、データのあった平成22（2010）年のみ、石川、富山は観光庁データより、平成26（2014）年までの推移を比較してみる。ここで平成27（2015）年以降の新幹線開業後のデータがないことに注意する。富山県の外国人観光客が平成25～26（2013～14）年に急増していること、北陸3県では平成26（2014）年は1位であることが分かる（図表13）。

　近年の外国人観光客（インバウンド）の北陸3県への訪問者数は確実に増加している。これは日本への外国人観光客の増加、政府のインバウンド拡大の方針と施策の中で国内他地域でも同様な増加傾向にある。

図表13　北陸3県の外国人観光客数
　　　　（2010～14年）

（3）北陸3県の観光に関連した大きな変化
①観光の交通手段としての空路の状況

　羽田空港の再国際化後は国際航空旅客が増加傾向（小松・羽田便の羽田乗り継ぎによる効果）にある。アジアを中心とした定期路線の誘致の効果（上海・ソウル・台湾）による海外からの観光客需要が増えている。

　現状では北陸新幹線の開業により、国内航空旅客数が大きく減少し、その結果、航空各社は機材の小型化、減便（運航便数の減少）が余儀なくされた。し

かしながら、北陸新幹線開業後も一定の旅客数を保持している（便数維持の効果がみられる）。

今後は、北陸新幹線の福井延伸時のさらなる利用者減少による減便等が懸念されることから、その対策が必要となる。

②観光の交通手段としての海路の状況

海路による観光客はクルーズ船が中心となる。金沢港へ寄港回数は年々伸びており、平成28（2016）年度から**発着型クルーズ**が開始され、外国人（欧米・中国・韓国）の乗船するクルーズ船も多く寄港し始めている。

金沢港の注目度が高い
- 水深の大きな埠頭の数が多く、大型船受け入れ能力が高い
- 後背圏（金沢市内）には豊富な観光資源、買い物施設
- 日本海側にはクルーズ船が多く寄港する港湾が少ない
- 金沢港クルーズウェルカムクラブによりクルーズ船の出航イベント（加賀友禅大使のお出迎え・よさこい・ジャズ演奏等）の協力

⇒金沢港は注目度が高く、周辺地域全体でクルーズ寄港誘致

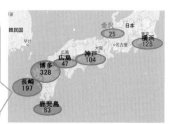

主なクルーズ船寄港地と寄港回数（2016年度）

6. 今後の観光産業を支えるために

人口減少、超高齢化の中で多くの産業は規模、事業所数、従業員数等が長期的には縮小する傾向にある。その中で、観光産業は数少ない成長産業と位置づけられる。

北陸3県は、観光資源としての歴史的遺産、山、海、里山等の観光資源が豊かであり、観光産業を進める地域的潜在資源は豊富なことから、観光産業は重要な施策の柱となるだろう。

政府の観光立国推進閣僚会議等の政策を参考に北陸3県の方向性について、考えると下記のとおりである。

①観光資源の保存と活用

　a．魅力ある公的施設やインフラの解放と公開

　b．文化財の観光資源としての開花

　c．景観に優れた観光資源の保全・活用による観光魅力度の向上

　d．国立公園の「ナショナルパーク」としてのブランド化

②楽しい国日本の実現
　a．新たな観光資源の開拓
③日本政府観光局（JNTO）との連携
　a．訪日プロモーションの戦略高度化及び多様な魅力の対外発信強化
　b．MICE[注i]誘致の促進
④歴史的資源を活用した観光まちづくりタスクフォース
　a．滞在型農山漁村の確立と形成
　b．古民家等の歴史的資源を活用した観光まちづくり
⑤行政主体の制度的な改革
　a．観光関連の規制・制度の総合的見直し・民泊サービス対応
　b．産業界ニーズを踏まえた観光経営人材の育成と強化
　c．観光地再生・活性化ファンドの継続的な展開
　d．次世代の観光立国実現のための財源の検討
　e．休暇改革
⑥その他
　a．通信環境の飛躍的向上と誰もが一人歩きできる環境の実現
　b．急患等にも十分に対応できる外国人患者受け入れ態勢の充実
　c．地方創生回廊の完備（北陸ではゴールデンループ、昇龍道等）
　d．地方空港のゲートウェイの強化とＬＣＣ就航の促進
　e．クルーズ船受け入れのさらなる対応
　f．多言語対応した観光サービス

以上が政府の観光立国の柱として挙げられたものであり、北陸3県もこれに準じた観光政策や産業界との連携による観光産業の拡大が期待される。

(注i)　Meeting（会議・研修）、Incentive（招待旅行、travel, tour）、Conference（国際会議・学術会議）またはConvention、Exhibition（展示会）またはEventの4つの頭文字を合わせた言葉である。ビジネスと関わりがあり、多数の人の移動を伴う行事という、企業などの会議やセミナー、報償・研修旅行、国際会議や総会・学会、展示会・見本市・イベントなど、観光および旅行の観点から着目した総称で、「ビジネスイベンツ」とも呼ばれている。

7．資料編及び資料の注釈（波及効果算出における設定）

（1）福井県

①観光入込客数の設定

　福井県の「実数推計」は市町が集計した延べ人数を、日本観光振興協会の「全国観光客数統計基準」に基づき得られた係数（平均訪問観光地点数）で除したものである。昭和 35～63（1960～88）年までは平成元～5（1989～93）年までの5年間の実数推計÷延べ人数で得られた比率を乗じた。

　観光客の内訳は「平成28年福井県観光客入込推計」の結果（県内県外日帰り宿泊の内訳比率）及び観光庁の「共通基準による観光入込客統計[注ii]」（観光ビジネス）より推計した。

②消費単価

　「平成27年福井県観光客入込数推計」における消費単価を利用し、推計した（平成28〔2016〕年は推計方法が異なるため、平成27〔2015〕年以前は内訳不明なため不使用）。なおこれには飲食費項目が昼食費のみ考慮されていたので、飲食費を石川県消費単価から按分（食費÷合計）した。「共通基準による観光入込客推計」の消費単価基準にそろえるため、その他の内容を石川県の項目別単価比率を使用し、推計した。観光、ビジネスの配分は観光庁の「共通基準による観光入込客推計」の平均消費単価から推計した。

　　昭和35～平成元（1960～89）年　福井県HP　福井県統計年鑑デジタルアーカイブ
　　http://www.pref.fukui.jp/doc/toukei-jouhou/archive.html（観光入込客数延べ人数推計利用）
　　平成元～28（1989～2016）年　福井県HP　観光入込客推計

（注ii）　都道府県の観光客に関する調査「観光入込客統計（かんこういりこみきゃくとうけい）」の結果をとりまとめたもの。各都道府県の「観光入込客数」、「観光消費額単価」、「観光消費額」等を把握するための調査手法や集計方法を示した調査基準で地域ごとに異なる集計手法を統一し、地域比較を可能にするために策定された。

　　http://www.mlit.go.jp/kankocho/siryou/toukei/irikomi.html

http://www.pref.fukui.lg.jp/doc/kankou/fukuiken-kankoukyakusu.html
（観光入込客数実数推計値、日帰り宿泊客数比に使用、平成28〔2016〕年推計に元〜27〔1989〜2015〕年までまとめあり）

（2）富山県
①観光入込客数

富山県の実数推計は平成18〜28（2006〜16）年は各年の「富山県観光客入込数（推計）」より（延べ数から富山県観光戦略基礎データ調査で抽出したパラメーターにより推計したもの）、昭和56（1981）年から平成17（2005）年は富山県HPから得られた観光入込客数延べ人数に、平成18（2006）年から平成28（2016）年までの「実数推計÷延べ人数」で得られた比率を乗じ、観光入込客数とした。県内・県外、日帰り・宿泊、観光・ビジネスの割合は観光庁による「共通基準による観光入込客統計」より平成22（2010）年から平成26（2014）年（北陸では最新年）までの5年分のデータの平均を用いて割合を設定した。

②消費単価

富山県の消費単価は観光庁の「共通基準による観光入込客統計」より、県内県外日帰り宿泊、観光ビジネスの内訳別に平成22〜26（2010〜14）年の5年分の平均を算出した。消費単価の内訳を統一するため、石川県の比率を乗じて項目別の消費単価を設定した。

平成19〜28（2007〜16）年富山HP　富山県観光入込客推計
http://www.pref.toyama.jp/cms_sec/1401/kj00013393.html（観光入込客数実数推計に利用）

昭和56（1981）年〜　富山県アーカイブ
http://www.pref.toyama.jp/sections/1015/lib/hparchives/archivestop.htm（観光入込客数延べ人数推計に利用）

（3）石川県
①観光入込客数の設定

石川県の「実数推計」は「統計からみた石川県の観光」と「石川県統計書」より石川県が独自に推計した（延べ人数に過去の観光統計から算出した入込客率を乗じたもの）、昭和46〜平成27（1971〜2015）年のデータを使用した。観光客の内訳は「共通基準による観光入込客統計」より平成22〜26（2010〜14）

年までの5年分の平均を使用し、比率とした。

②消費単価

石川県の消費単価は観光庁の「共通基準による観光入込客統計」より、県内・県外、日帰り・宿泊、観光・ビジネスの内訳別に平成22～26（2010～14）年の5年分の平均を算出した。消費単価の内訳は、平成26（2014）年度の「統計からみた石川県の観光」の内訳を用い、比率を設定した。

　　石川県統計書　昭和50～平成27（1975～2015）年
　　http://toukei.pref.ishikawa.jp/library/main.html（実数推計に利用）
　　統計からみた石川県の観光　平成22～27（2010～15）年
　　http://toukei.pref.ishikawa.jp/search/min.asp?sc_id=56（消費単価の比率等に利用）

(4) その他

経済効果の推計は、平成7（1995）年、平成12（2000）年、平成17（2005）年、平成23～27（2011～15）年の8年分を推計したが、各県ごとに平成7（1995）年度産業連関表、平成12（2000）年度産業連関表、平成17（2005）年度産業連関表、以降は平成23（2011）年度産業連関表を用いて推計した。また産業連関表は大分類を用いて推計した。

　　・福井県産業連関表
　　　http://www.pref.fukui.jp/doc/toukei-jouhou/sanren.html
　　・富山県産業連関表
　　　http://www.pref.toyama.jp/sections/1015/lib/renkan/index.html
　　・石川県産業連関表
　　　http://toukei.pref.ishikawa.jp/search/min.asp?sc_id=8

県内観光客及び県外観光客の割合は、各県ごとの観光客入込推計のデータを用いた。外国人観光客の人数は、観光庁の「共通基準による観光入込客統計」より平成22～26（2010～14）年の5年分のデータを使用した。福井県のみ、平成22（2010）年度の各期のデータを足し合わせたものを用いた。

執筆者一覧（章順）

根本　　博	金沢学院大学経営情報学部経営情報学科特任教授	第1章
佐々井　司	福井県立大学地域経済研究所教授	第2章
中里　弘穂	福井県立大学キャリアセンター教授	第3章
桑原　美香	福井県立大学経済学部経済学科准教授	第4章
小柳津英知	富山大学経済学部経済学科教授	第5章
高橋　　啓	金沢学院大学経営情報学部経営情報学科教授	第6章
奥村　実樹	金沢星稜大学経済学部経営学科准教授	第7章
酒井　富夫	富山大学研究推進機構極東地域研究センター教授	第8章
大野　尚弘	金沢学院大学経営情報学部経営情報学科准教授	第9章
松井　隆幸	富山大学経済学部経済学科教授	第10章
安嶋　是晴	富山大学芸術文化学部芸術文化学科講師	第11章
寒河江雅彦	金沢大学人間社会研究域経済学経営学系教授	第12章
藤生　　慎	金沢大学理工研究域地球社会基盤学系助教	第12章

企画・編集

藤沢　和弘	一般財団法人北陸経済研究所　調査研究部担当部長

あとがき

　本書は2016年発刊の『北陸経済研究叢書01「北陸主要10業種の現状と展望」』に続くものである。「北陸主要10業種の現状と展望」については、繊維・工作機械・プラスチック製品など、北陸の産業に的を絞った構成とし、執筆はすべて所内スタッフで担当した。叢書2冊目の刊行に向けた企画を練る中で、昨年創立50周年を迎えた北陸経済連合会の久和会長から「北陸三県の50年に亘る地域の歩みについてデータを活用して振り返れないだろうか」との提案を頂戴する機会に恵まれた。このときのアイデアを拝借させていただいた。

　思えば前回の東京オリンピックから50年以上が経ち、高度成長からオイルショック、円高不況、バブル経済の生成と崩壊、金融危機、IT革命、リーマンショック、アベノミクスと日本経済はめまぐるしく変化してきた。そのなかで、日本国全体というマクロでの調査研究は多いものの、地域、特に北陸という圏域を語る文献となるとなかなか見当たらないのが現状である。地域にとって念願であった北陸新幹線の金沢開業を契機に北陸はその立ち位置を大きく変えようとしている。人々の視線が未来にある今こそ、我々の地域が歩んできた歴史を今一度振り返り総括すべきではないだろうか。

　久和会長からは「北陸三県」「50年」「データ活用」という3つのキーワードが示された。これを受け、当所で人口・経済・企業の海外進出・女性活躍・労働生産性・インフラ・設備投資の各分野に加え、前回の叢書で詳細には取り上げられなかった農業・医薬品・観光・繊維・漆器の各産業分野を追加し、北陸三県の各大学で教鞭をとる気鋭の先生方に執筆をお願いした。ご多用の折、短期間で古いデータを探索しながら上記3つのキーワードに沿った論文を作成いただいた各先生方には、この場を借りて深く感謝するものである。いただいた論文は、いずれも先生方の専門分野における知見が存分に発揮された冷静な分析であり、地域愛に溢れている。ビジネスマン・行政関係者・経営者・学生の

皆様にとって、一読に値するものばかりである。

　最後に研究分野や先生方との調整にお骨折りをいただいた金沢大学の佐無田光教授（人間社会研究域附属地域政策研究センター長）と、短期間の編集作業で刊行していただいた能登印刷株式会社の皆様にあらためて謝辞を述べたい。

2018年5月

　　　　　　　　　　　　　　　　　　　一般財団法人　北陸経済研究所

　　　　　　　　　　　　　　　　　　　　　　理事長　稲葉　純一

データで振り返る北陸の50年
経済・産業・インフラから女性活躍まで

2018年6月10日　第1版発行

企　画────一般財団法人北陸経済研究所
発行者────稲葉純一
発行所────一般財団法人北陸経済研究所
　　　　　〒930-8507　富山市丸の内1-8-10
　　　　　TEL(076)433-1134　FAX(076)433-1164
　　　　　URL http://www.hokukei.or.jp/
発　売────能登印刷出版部
　　　　　〒920-0855　金沢市武蔵町7番10号
　　　　　TEL(076)222-4595　FAX(076)233-2559
　　　　　URL http://www.notoinsatu.co.jp/
印刷・製本─能登印刷株式会社

Ⓒ北陸経済研究所 2018 printed in Japan

落丁本・乱丁本は小社にてお取り替えいたします（送料小社負担）。
本書のコピー、スキャン、デジタル化等の無断複製は著作権法上での例外を除き禁じられています。
本書を代行業者等の第三者に依頼してスキャンやデジタル化することは、たとえ個人や家庭内での利用であっても一切認められておりません。